W9-CTL-543

ESPAÑOL COMENCEMOS

Third Edition

Conrad J. Schmitt

Webster Division, McGraw-Hill Book Company

New York St. Louis San Francisco Atlanta Auckland
Bogotá Dallas Hamburg Johannesburg London Madrid
Mexico Montreal New Delhi Panama Paris São Paulo
Singapore Sydney Tokyo Toronto

Credits

Editor: Teresa Chimienti
Design Supervisor: Bennie Arrington
Production Supervisor: Judith Tisdale
Photo Research: Suzanne Volkman
Copy Editing: Suzanne Shetler
Design: William Dippel
Illustrations: Harry Norcross
Text Design: Ramapo Communications, Inc.

This book was set in 10 point Times Roman and 9 point Helvetica by Monotype Composition Company. The color separation was done by ECI.

Library of Congress Cataloging in Publication Data

Schmitt, Conrad J
Español—comencemos.

SUMMARY: A basic Spanish text for junior high school students including vocabulary, grammatical structure, dialog, cultural readings, and written exercises.
1. Spanish language—Grammar—1950–
[1. Spanish language—Grammar] I. Title.
PC4112.S35 1980 468.2'421 80-13033

ISBN 0-07-055573-7

ESPAÑOL: COMENCEMOS Third Edition

Acknowledgments

The author wishes to express his appreciation to the many foreign language teachers throughout the United States who have shared with him their thoughts and comments concerning the second edition of ESPAÑOL: COMENCEMOS. The author is particularly indebted to Ms. Gail Bruno, West Windsor-Plainsboro High School, Princeton Junction, New Jersey; Mr. Felipe Mercado, Jericho Junior-Senior High School, Jericho, New York; Ms. Ino Sowder, John Adams Junior High School, Edison, New Jersey; and Ms. Roberta Zimmerman, Herbert Hoover Junior High School, Edison, New Jersey, who used the second edition since its publication and were willing to give of their time to consult with the author and make valuable suggestions during the revision of the text. Thanks also go to Ms. Suzanne Shetler for her untiring efforts and great assistance in the preparation of the manuscript.

The author is indebted to the following persons and organizations for permission to include the following photographs: Opener Victor Englebert; Page 2 Peter Menzel; 3 Mimi Forsyth/Monkmeyer; 4 Wilhelm Braga/Photo Researchers; 5, 6 Owen Franken; 8 Jose Morenilla/Photo Researchers; 12 Carl Frank/Photo Researchers; 14 Owen Franken; 16 Hugh Rogers/Monkmeyer; 17 (top, center right) Robert Capece/McGraw-Hill, (center left) Lauraine Schallop/DPI, (bottom) Wilhelm Braga/Photo Researchers; 18, 22 Robert Capece/McGraw-Hill; 23 Mimi Forsyth/Monkmeyer; 25 Bernard Wolf/Omni-Photo Communications, Inc.; 27 Owen Franken; 28 Beryl Goldberg; 30 Sam Falk/Monkmeyer; 32 Britton-Logan/Photo Researchers; 33 Bernard Pierre Wolff/Photo Researchers; 34 Paul Conklin/Monkmeyer; 36 Sybil Shelton/Monkmeyer; 39 Carl Frank/Photo Researchers; 40 Helena Kolda/Monkmeyer, (right) Nat Norman/Photo Researchers; 41 Frank Wing/Stock, Boston; 42 Owen Franken; 44 Emma Rivera/Peace Corps; 47 Robert Capece/McGraw-Hill; 48 Jim Harrison/Stock, Boston; 51 Peace Corps; 52 George Holton/Photo Researchers; 53 Pat Morin/Monkmeyer; 55 Peter Menzel/Stock, Boston; 58 Owen Franken/Stock, Boston; 60, 62 Spanish National Tourist Office; 63 Peter Menzel/Stock, Boston; 64 Carl Frank/Photo Researchers; 66 E. Manewal/Black Star; 68 Peter Menzel; 70 Spanish National Tourist Office; 73 Peter Menzel/Stock, Boston; 74 Bernard Pierre Wolff/Photo Researchers; 76 Owen Franken/Stock, Boston; 78 Owen Franken; 79 Peter Menzel; 81 Yorem Lehmann/Peter Arnold, Inc.; 82 Beryl Goldberg; 83 Victor Englebert; 87 Spring-Daytona/Stock, Boston; 88 Peter Menzel; 90 H.W. Silvester/Photo Researchers; 92 Robert Capece/McGraw-Hill; 94 Owen Franken; 95 Gerard de la Chapelle; 98 Victor Englebert; 99 Gerard de la Chapelle; 101 Robert Capece/McGraw-Hill; 104 Wilhelm Braga/Photo Researchers; 106 Werner Bischof/Magnum; 109 Owen Franken/Stock, Boston; 110 Paul Conklin/Monkmeyer; 111, 113 Beryl Goldberg; 118 Peter Menzel/Stock, Boston; 119 United Nations; 121 Dieter Grabitzky/Monkmeyer; 122 Peter Menzel; 124 UPI; 126 Jacques Jangoux/Peter Arnold, Inc.; 127 Owen Franken; 129 Peter Menzel/Stock, Boston; 133 William Dippel; 136 P. Teuscher/United Nations; 137 Carl Frank/Photo Researchers; 138 Peter Menzel; 140 Paolo Koch/Photo Researchers; 143 Peter Menzel; 150 Paolo Koch/Photo Researchers; 153 Guy Le Querrec/Magnum; 154 Peter Menzel; 156 Murray Greenberg/Monkmeyer; 159–161 Owen Franken; 162 Puerto Rico Information Service; 163–164, 167 Owen Franken; 168 Peter Menzel; 170 Culver Pictures; 173 Michael Heron/Monkmeyer; 174 Peter Menzel; 175 Culver Pictures; 176 Peter Menzel & Bettmann Archive; 177 Culver Pictures; 178 Bettmann Archive; 182, 184 Peter Menzel; 187 Paolo Koch/Photo Researchers; 189 Carl Frank/Photo Researchers; 190 Fred Grunzweig/Photo Researchers; 192 (top) Ellis Herwig/Stock, Boston, (bottom) Spanish National Tourist Agency; 193 (top) Sid Latham/Monkmeyer; (bottom) Spanish National Tourist Agency; 194 (top) Spanish National Tourist Agency, (bottom) Ducasse/Photo Researchers; 196 Owen Franken/Stock, Boston; 198 Jacques Jangoux/Peter Arnold, Inc., (insert) Carl Frank/Photo Researchers; 201 United Nations; 202 Owen Franken/Stock, Boston; 203 Antonio Mendoza/Stock, Boston; 204 United Nations; 206 Peter Menzel/Stock, Boston; 207 Ira Kirschenbaum/Stock, Boston; 208 Ira Kirschenbaum/Stock, Boston; 209 Robert Rattner; 210 George Holton/Photo Researchers; 211 Carl Frank/Photo Researchers; 212 Peter Menzel/Stock, Boston; 214 Spanish National Tourist Agency; 216 Jim Hubbard/Photo Researchers; 218 David Cain/Photo Researchers; 219 Roger Coster/Monkmeyer; 221 George Holton/Photo Researchers; 223 Guy Le Querrec/Magnum; 224 Paolo Koch/Photo Researchers.

The following are credits for color photographs appearing between pages 20 and 21, 84 and 85, 148 and 149, 212 and 213. Credits are listed left to right: (first insert) 1. (bottom left) Victor Englebert, (bottom right) John Henebry, Jr., (others) Owen Franken 2. Owen Franken, John Henebry, Jr., Beryl Goldberg 3. Peter Menzel, (top left & bottom) Yoram Lehmann/Peter Arnold, Inc. 4. Victor Englebert, Peter Menzel/Stock, Boston, Eric Simmons/Stock, Boston 5. John Lewis Stage/Image Bank, Owen Franken, Bendick Associates/Monkmeyer 6. John Henebry, Jr. 7. Robert Rattner, John Henebry, Jr. 8. Robert Rattner (second insert) 1. Peter Menzel/Stock, Boston, Portillo 2. Peter Menzel, Dominican Tourist Information Center, Peter Menzel/Stock, Boston 3. Robert Rattner, Tom Pix/Peter Arnold, Inc., Peter Menzel 4. John Henebry, Jr., Yoram Lehmann/Peter Arnold, Inc., Owen Franken, Victor Englebert (third insert) 1. Malcolm Kirk/Peter Arnold, Inc., Victor Englebert, Robert Rattner 2. Eric Simmons/Stock, Boston, Malcolm Kirk/Peter Arnold, Inc., (bottom) Victor Englebert 3. Owen Franken, Paul Fusco/Magnum, Owen Franken 4. Jacques Jangoux/Peter Arnold, Inc., Portillo, Cary Wolinsky/Stock, Boston 5. W.H. Hodge/Peter Arnold, Inc., Owen Franken, Erika Stone/Peter Arnold, Inc. 6. Herbert Lanks/Monkmeyer, Joseph Nettis/Image Bank 7. James Theologos/Monkmeyer, Owen Franken, John Running/Stock, Boston 8. Owen Franken, Peter Menzel, Murray Greenberg/Monkmeyer (fourth insert) 1. Owen Franken, Victor Englebert, Peter Menzel/Stock, Boston 2. Robert Rattner, Herbert Lanks/Monkmeyer 3. Toge Fujihira/Monkmeyer, Peter Menzel, Eric Simmons/Stock, Boston 4. Moos-Hake/Greenberg/Peter Arnold, Inc., Beryl Goldberg, Victor Englebert, Robert Rattner.

Preface

The third edition of ESPAÑOL: COMENCEMOS and ESPAÑOL: SIGAMOS form a fully articulated system of language learning materials designed to teach the basic concepts of the Spanish language over a two-year period. The two texts and their supplementary materials are the result of nationwide study and observation. ESPAÑOL: COMENCEMOS and the accompanying annotated teacher's edition, tape program, workbook, visual components, and tests constitute a complete introductory course which is enjoyable to the student, stimulating to the teacher, and flexible enough to allow for a wide variety of activities and applications in the early secondary school curriculum.

ESPAÑOL: COMENCEMOS, Third Edition, has maintained those features which teachers found so successful in the original two editions. Some of these features are: vocabulary presented in sentence context through visuals; strict control of the introduction of structure concepts; extensive and varied oral and written drills; conversations and readings containing only known structures; a lifestyles-oriented content; a focus on younger teenagers; and articulation with the most widely used senior high school Spanish series, ESPAÑOL: A DESCUBRIRLO and ESPAÑOL: A SENTIRLO.

In this third edition of ESPAÑOL: COMENCEMOS, minimal changes have been made in the organization of structure. Most stories and conversations, however, have been rewritten to place more emphasis on contemporary life-styles and to meet the changing interests of today's students. Additional vocabulary practice has been given in each lesson. All artwork and photographs are new in order to present an authentic view of the Hispanic world of today and to emphasize the everyday activities of the people who live in the Spanish-speaking world. New also in this edition are an expanded series of vocabulary exercises (*Práctica*) containing visual stimuli; more basic grammar explanations (*Reglas*), also containing visual stimuli; written exercises immediately following the oral structure drills (*Aplicación escrita*); a special composition exercise (*Composición*); an expanded lesson ending (*Perspectivas*) containing a puzzle, a personalized activity (*Entrevista*), and the oral review (*Resumen oral*). For the first time, maps and full-color photographs have been added, both to help students visualize the places visited in the text and to enhance the students' understanding of geography, topography, and climate of the variety of places where Spanish is spoken.

Since the principal goal of foreign language study is to learn to communicate one's thoughts, needs, wants, and reactions in another language, ESPAÑOL: COMENCEMOS and ESPAÑOL: SIGAMOS are designed to ensure rapid acquisition of the listening, speaking, reading, and writing skills necessary for meaningful communication in both spoken and written Spanish. These texts present the student with a highly structured, logical sequence of opportunities to learn, to practice, and to use Spanish in a stimulating and enjoyable context both inside and outside of the classroom. The program invites and allows the teacher to participate to the maximum degree and to adapt the content and format to the needs of the varied classroom situations that will be encountered.

ESPAÑOL: COMENCEMOS is organized according to the following plan:

BASES

The new vocabulary to be taught, called *Bases* because these words will be reintroduced many times throughout the lesson, is presented in context through illustrations in Lessons 1 through 14. These illustrations assist the students with comprehension. The comprehension of each individual word should be stressed along with the overall understanding of the sentence. Filmstrips are provided so that this section may be taught with the books closed. In Lessons 12 through 14 there are, in addition to the illustrations, short definitions in the target language and cognates. This introduction of vocabulary helps the student to comprehend the meaning of each word without the use of English.

Práctica A series of oral and written exercises follows *Bases*. These vocabulary exercises give students the opportunity to practice and use the new words of each lesson before encountering them again in the pattern drills, conversation, and reading selection for further reinforcement. Students are encouraged to use the new words introduced, so that they will be able to use them actively and spontaneously.

ESTRUCTURAS

The structural concepts taught in each lesson are logically presented through oral pattern drills. This varied series of oral exercises with realistic stimuli provides ample practice of each individual concept.

Reglas Immediately following the pattern drill presentation of each grammatical concept, there is a very simple, brief explanation, in English, of the particular point presented. Grammatical terms are explained so that a lack of sophistication in grammar will not hinder the students from understanding the explanation. Following the explanation there are additional examples in Spanish using the grammatical concept.

Aplicación escrita After the grammatical explanation, one or more written exercises appear *immediately* in order to check mastery and apply it to the grammatical point being studied. These exercises are designed to give specific assistance in transferring from oral to written language.

IMPROVISACIONES

The *Improvisaciones* are short dialogues, or conversations, containing previously learned vocabulary and structure. These are designed to be used with a minimum of effort on the part of the student and teacher. *Personalized language, not memorization of the conversations, is the goal of this series*—thus the word *Improvisaciones*. It is recommended that after the students are familiar with the conversation, they be given the opportunity to change it, using language they already know. The conversations are based on the situations presented in the lesson so that the student can immediately verbalize about the particular situation. Vocabulary and structures that the students do not know are avoided so that they are not hampered in their endeavor to improvise and to speak the language on their own.

Preguntas The questions that follow the *Improvisaciones* should be used during the teaching of the conversation and as a culminating activity. These questions check the students' comprehension of the conversation and help students to manipulate and personalize the language of the conversation. The questions also help students with the important skill of improvisation, by forcing them to use the vocabulary and structures of the conversation in a slightly different context.

SÍMBOLOS

This section teaches "word-attack" or spelling skills. All students should be encouraged to learn the graphic symbols of the sounds included so that new words will present minimal difficulty in the reading and writing skills.

ESCENAS

Each lesson contains a cultural reading narrative. These stories all take place in Spanish-speaking countries. The purpose of the narrative is not only to present interesting, culturally authentic reading material but also to expand the situation presented in the conversation. The *Escenas* provide an opportunity for the students to compare and contrast cultures and to learn about the history, geography, literature, and customs of the Hispanic world. The *Escenas* never contain structures unknown to the student, hence they are easily read and serve as a reinforcement of that lesson's structure concept. Occasional new words or expressions are sidenoted for ease in reading.

Preguntas The questions that follow the *Escenas* are designed to assist the instructor in checking the students' comprehension. These questions provide an opportunity for students to talk about the material they are reading.

Composición In this section, ample opportunity is provided for guided composition. All the vocabulary and structures of the lesson are recombined, and students are encouraged to write short, summary paragraphs of the lesson by answering the questions. This exercise provides a good written review of the entire lesson.

PERSPECTIVAS

Each lesson ends with a cumulative, two-page *Perspectivas* section, which is divided into three parts: *Pasatiempo/Crucigrama, Entrevista,* and *Resumen oral.* The purpose of this section is to recombine and to bring into perspective all the vocabulary and structure presented in the lesson.

Pasatiempo/Crucigrama In order to add variety, an activity has been incorporated into each lesson. These activities, such as crossword puzzles and other types of word games, are a source of fun rather than an assignment to be completed the following day. Students will be motivated by success because no unknown words or concepts are used in these puzzles. Game playing in the classroom is a worthwhile activity when students use the language as they are playing the games.

Entrevista Personalized language is the major goal of the entire program. In the *Entrevista,* students are interviewed in order to be given additional opportunity to speak about themselves and to discuss their own lives. Much care has been taken in the choice of the questions to be sure they do not require answers using language concepts or words the students do not know. In the interview, the students relate the particular situation presented in the lesson to their own experiences. Through this type of personalized language, students talk about themselves and their own daily lives, express their opinions, and compare and contrast their own culture with the one presented in the lesson.

Resumen oral The major culminating oral activity of the lesson is the *Resumen oral.* It consists of a full-page drawn illustration that recombines all the information presented in the lesson. As students look at the illustration, they can tell a story and create an oral review in their own words based on all the material previously learned.

Included at the end of the book are maps, verb charts, lists of hours, days, and months as well as cardinal numbers, a Spanish-English vocabulary, and a grammatical index.

About The Author

Conrad J. Schmitt, Editor in Chief of Foreign Language Publishing with McGraw-Hill Book Company, is the author of the four-book LET'S SPEAK SPANISH series for the elementary school; the four-level bilingual program A CADA PASO/Lengua, Lectura y Cultura, and the Schaum Outline Series of Spanish Grammar. He is also coauthor of ESPAÑOL: A DESCUBRIRLO, ESPAÑOL: A SENTIRLO, and LA FUENTE HISPANA and is consulting author of SPANISH LANGUAGE, HISPANIC CULTURE, a college-level text.

Mr. Schmitt has taught at all levels of instruction, from elementary school through college. He has taught Spanish and French at Upsala College, East Orange, New Jersey, and at Montclair State College, Upper Montclair, New Jersey. He has also taught methods at the Graduate School of Education, Rutgers University, New Brunswick, New Jersey. He served as Coordinator of Foreign Languages for the Hackensack, New Jersey, Public Schools. Mr. Schmitt has traveled extensively throughout Spain, Mexico, the Caribbean, Central America, and South America.

Contents

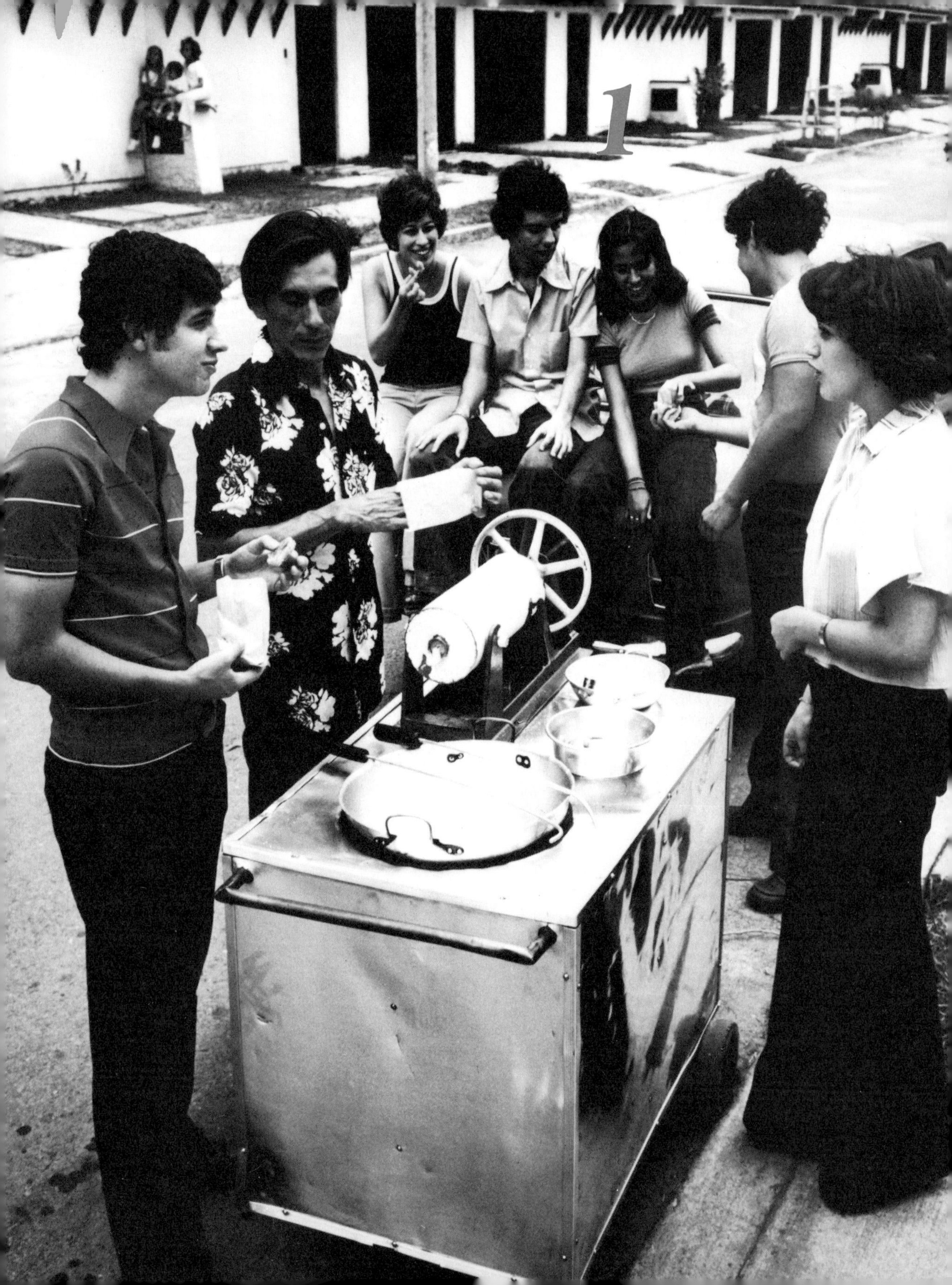
1

Bases

1. Es Pablo.
   Pablo es un muchacho.
   Pablo es un muchacho americano.
   El muchacho es guapo.
   Él no es feo.
   Es alto. No es bajo.

2. Es Elena.
   Elena es una muchacha.
   Elena es una muchacha americana.
   La muchacha es bonita.
   Ella no es fea.
   Es alta. No es baja.

Práctica

A. Answer each question based on the model sentence.

1. Pablo es un muchacho.
   ¿Es Pablo un muchacho?
   ¿Quién es un muchacho?
   ¿Qué es Pablo?
2. Elena es una muchacha.
   ¿Es Elena una muchacha?
   ¿Quién es una muchacha?
   ¿Qué es Elena?
3. El muchacho es guapo.
   ¿Es guapo el muchacho?
   ¿Quién es guapo?
   ¿Cómo es el muchacho?
4. La muchacha es alta.
   ¿Es alta la muchacha?
   ¿Quién es alta?
   ¿Cómo es la muchacha?

B. Form a question according to the model.

Paco es guapo.
¿Quién es guapo?

1. *María* es bonita.
2. Juan es *guapo*.
3. Teresa es *una muchacha*.
4. *La muchacha* es americana.
5. El muchacho es *bajo*.

C. Complete each sentence with an appropriate word.

1. María es una ______. No es un ______.
2. Carlos es un ______. No es una ______.
3. Rosita es alta. No es ______.
4. Pablo es ______. No es feo.
5. Teresa es cubana. No es ______.

Un muchacho y una muchacha

ESTRUCTURAS

Singular del verbo **ser**

*Tercera persona singular—**él, ella***

A. Repitan.

Es Juan.
Juan es un muchacho.
Juan es un muchacho guapo.

B. Contesten.

¿Es Pablo?
¿Es Pablo un muchacho?
¿Quién es un muchacho?
¿Qué es Pablo?
¿Es guapo Paco?
¿Cómo es Paco?
¿Es alto o bajo Tomás?
¿Cómo es Tomás?
¿Es americano el muchacho?
¿Es Elena una muchacha?
¿Quién es una muchacha?
¿Qué es Elena?
¿Es bonita Teresa?
¿Cómo es Teresa?
¿Es alta o baja Anita?
¿Cómo es Anita?
¿Es cubana la muchacha?

*Primera persona singular—**yo***

C. Repitan.

Yo soy americano.
No soy cubano.
Yo soy americana.
No soy cubana.

D. Contesten.

¿Eres un muchacho?
¿Quién eres?
¿Eres americano?
¿Eres guapo?
¿Eres feo?
¿Cómo eres?
¿Eres alto o bajo?
¿Cómo eres?
¿Eres una muchacha?
¿Quién eres?
¿Eres americana?
¿Eres bonita?
¿Eres fea?
¿Cómo eres?
¿Eres alta o baja?
¿Cómo eres?

Un muchacho mexicano

*Segunda persona singular—**tú***

E. Repitan.

Tomás, (tú) eres alto.
¿Eres (tú) americano?

Elena, (tú) eres alta.
¿Eres (tú) americana?

F. Sigan el modelo.

Tomás es alto.
Y tú eres alto también.

Tomás es guapo.
Tomás es americano.
Tomás es alto.
Anita es bonita.
Anita es americana.
Anita es alta.

G. Sigan los modelos.

Carlos
Carlos, ¿eres americano?

Pablo
Tomás
Paco

María
María, ¿eres americana?

Elena
Teresa
Carmen

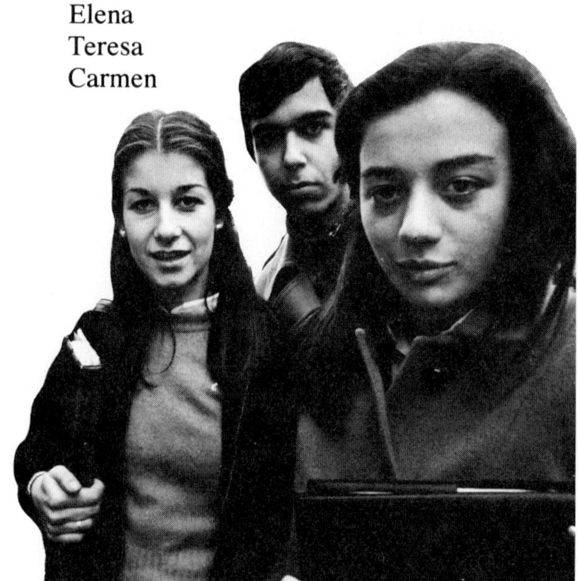

¡Hola! ¿Quién eres?

Reglas

Every sentence has a subject. Let's learn some subjects.

Pablo
El muchacho

Elena
La muchacha

Yo

Tú

Read the following sentences.

Elena es una muchacha.
Pablo es un muchacho.
Yo soy americano.
Tú eres americano también.

The underlined word in each sentence is the verb. Notice that when the subject of the sentence changes (**Elena, Pablo, yo, tú**), the verb also changes. What is the verb form with **Elena**? What is the verb form with **Pablo**? With **yo**? With **tú**?

We have now learned our first important rule in Spanish. The Spanish verb **ser** (*to be*) has three singular forms.

	ser
yo	soy
tú	eres
Elena / Pablo	es

Aplicación escrita

H. Complete each sentence with the appropriate form of the verb *ser*.

1. Yo _______ Tomás.
2. María _______ alta.
3. ¿_______ tú americano?
4. Yo no _______ feo, _______ guapo.
5. Elena _______ americana.
6. Carlos _______ alto.
7. Tú _______ americana, ¿no?
8. ¿Quién _______ el muchacho?

*Los pronombres personales—**él, ella***

A. Repitan.

Él es Juan.
Ella es María.

B. Contesten.

¿Es él Juan?
¿Quién es él?
¿Es ella Elena?
¿Quién es ella?
¿Es él americano?
¿Qué es él?
¿Es ella cubana?
¿Qué es ella?

María y Elena

Reglas

Juan
Él

María
Ella

What word can replace **Juan**? What word can replace **María**? **Juan** is a proper name. **María** is a proper name, too. A proper name is a noun. A word that replaces a noun is a pronoun. What two pronouns have we just learned? Which pronoun replaces the name of a boy? Which one replaces the name of a girl? **Él** is called a masculine subject pronoun. **Ella** is called a feminine subject pronoun.

Juan es guapo. Él es guapo.
María es americana. Ella es americana.

Aplicación escrita

C. Replace the italicized word with *él* or *ella*.

1. *Tomás* es americano.
2. *Elena* es cubana.
3. *El muchacho* es alto, no bajo.
4. *La muchacha* es alta, no baja.

San Juan, Puerto Rico

Concordancia del singular de los adjetivos

A. Repitan.

El muchacho es americano.
La muchacha es americana.

B. Contesten.

¿Es americano el muchacho?
¿Es cubano el muchacho?
¿Es guapo el muchacho?
¿Es feo el muchacho?
¿Es alto Juan?
¿Es bajo Carlos?
¿Es americana la muchacha?
¿Es cubana la muchacha?
¿Es bonita la muchacha?
¿Es fea la muchacha?
¿Es alta Elena?
¿Es baja Carmen?
¿Es americano o cubano Juan?
¿Qué es Juan?
¿Es cubana o americana Anita?
¿Qué es Anita?
¿Es guapo o feo Carlos?
¿Cómo es Carlos?
¿Es alta o baja Elena?
¿Cómo es Elena?

Reglas

An adjective is a word that describes a noun. There are two types of nouns in Spanish. They are **el** nouns and **la** nouns. Almost all nouns that end in **o** are **el** nouns. **El** nouns are also referred to as masculine nouns.

el muchacho

Almost all nouns that end in **a** are **la** nouns. **La** nouns are also referred to as feminine nouns.

la muchacha

In Spanish an adjective must agree with the noun it describes, or modifies. Study the following examples.

el muchacho americano
la muchacha americana

el muchacho alto
la muchacha alta

The adjectives that describe **muchacho** end in what letter? The adjectives that describe **muchacha** end in what letter? Note that many masculine adjectives end in **o** and many feminine adjectives end in **a.**

Aplicación escrita

C. Add the appropriate ending to each adjective.

1. El muchacho no es fe_____.
2. La muchacha no es fe_____.
3. Carlos es cuban_____.
4. Rosita es american_____.
5. Roberto es guap_____.

D. Rewrite the paragraph changing *Juan* to *María*.

Juan es un muchacho. Él no es cubano. Es americano. Juan es alto. Él es guapo también.

Barcelona, España

IMPROVISACIONES

¿Quién es ella?

Juan	Hola, Tomás.
Tomás	Hola, Juan.
Juan	¿Quién es la muchacha?
Tomás	Es María.
Juan	¿Es americana ella?
Tomás	No, no es americana.
Juan	¿No? ¿Qué es?
Tomás	Es cubana.

PREGUNTAS ¿?

1. ¿Quién es la muchacha?
2. ¿Es americana la muchacha?
3. ¿Qué es?

IMPROVISACIONES

¿Quién es él?

Hola, María.
Hola, Elena.
¿Quién es el muchacho?
¿El muchacho alto?

Sí, él.
Él es Juan.
¿Es americano?
No, no es americano. Es cubano.

PREGUNTAS ¿?

1. ¿Quién es el muchacho?
2. ¿Es alto Juan?
3. ¿Es americano?
4. ¿Qué es?

Símbolos

a	e	i	o	u
Anita	Elena	Inés	o	una
Adela	(elegante)	Isabel	alto	cubano
americana	feo	sí	Pablo	muchacha

ESCENAS

Pablo y Elena

Pablo es un muchacho. Es un muchacho guapo, no feo. Él es alto. Pablo es cubano. No es americano.

Elena es una muchacha. Es una muchacha bonita, no fea. Ella es alta. Es americana. No es cubana. Elena es una amiga de Juan.

amiga *friend*

PREGUNTAS ¿?

1. ¿Qué es Pablo?
2. ¿Es guapo o feo?
3. ¿Cómo es?
4. ¿Es americano o cubano?
5. ¿Qué es?
6. ¿Qué es Elena?
7. ¿Es bonita o fea Elena?
8. ¿Cómo es Elena?
9. ¿Es ella cubana o americana?
10. ¿Qué es ella?
11. ¿Es ella una amiga de Pablo?
12. ¿Es Pablo un amigo de Elena?

Answer the following questions in paragraph form.

¿Es Pablo un muchacho?
¿Es americano él?
¿Es guapo también?
¿Es Elena una muchacha?
¿Es cubana ella?
¿Es alta y bonita?
¿Es Pablo el amigo de Elena?

Perspectivas

pasatiempo

Look at the illustration and sample conversation. Create a new dialogue by changing *la muchacha* to *el muchacho.* Be sure to make all other necessary changes.

Hola, Tomás.
Hola, Juan.
¿Quién es la muchacha?
Es María.
¿Es americana ella?
No, no es americana.
No, ¿qué es?
Es cubana.

¿Quién eres? ¿Eres un muchacho o una muchacha? ¿Eres alto(a) o bajo(a)? ¿Eres guapo(a)? ¿Eres americano(a) o cubano(a)?

Resumen oral

2

Bases

1. Carlos es un alumno.
   Estudia español.
   Estudia español en la escuela.
   Estudia mucho.
   Estudia inglés también.

2. Teresa es una alumna.
   Ella habla español.
   Ella habla con la profesora.

3. Es la familia de Teresa.
   Teresa mira la televisión.
   Mira la televisión con la familia.
   Mira la televisión en la sala.
   Mira la televisión en casa.

4. Es el teléfono.
   Carlos llama.
   Carlos llama por teléfono.

Práctica

A. Answer each question based on the model sentence.

1. La familia mira la televisión en la sala.
   ¿Quién mira la televisión?
   ¿Qué mira la familia?
   ¿Dónde mira la familia la televisión?
2. Ángel habla con la profesora en la escuela.
   ¿Quién habla con la profesora?
   ¿Con quién habla Ángel?
   ¿Dónde habla Ángel con la profesora?
3. Teresa estudia español en la escuela.
   ¿Quién estudia español?
   ¿Qué estudia Teresa?
   ¿Dónde estudia español Teresa?

B. Form a question according to the model.

María habla por teléfono.
¿Quién habla por teléfono?

1. La familia mira *la televisión*.
2. *Carlos* llama por teléfono.
3. Él estudia *en la escuela*.
4. Pablo habla con *la profesora*.
5. La muchacha estudia *en la sala*.

C. Complete each sentence with an appropriate word.

1. La familia mira la ______.
2. El muchacho llama por ______.
3. Elena ______ inglés.
4. Carlos mira la televisión en la ______.
5. María estudia español en la ______.

D. Complete the caption for each photograph.

1. La ______ habla con la ______ en la ______.

2. Carlos ______ con la ______ en la ______.

3. La ______ habla por ______.

4. Ella ______ la ______ en la ______.

ESTRUCTURAS

¡Hola! ¿Con quién hablo?

Singular de los verbos en –ar

Tercera persona singular

A. Repitan.

María mira la televisión.
Carlos llama por teléfono.
Teresa estudia mucho.

B. Contesten.

¿Mira María la televisión?
¿Mira Carlos la televisión?
¿Mira la muchacha la televisión?
¿Mira el muchacho la televisión?
¿Mira ella la televisión?
¿Mira él la televisión?
¿Llama Carlos por teléfono?
¿Quién llama por teléfono?
¿Habla Elena?
¿Habla Elena español?
¿Habla inglés el muchacho?
¿Habla la muchacha con la profesora?
¿Estudia el alumno?
¿Estudia la alumna?
¿Estudia María inglés?
¿Quién estudia inglés?
¿Qué estudia María?
¿Estudia en la escuela?
¿Dónde estudia?

Primera persona singular

C. Repitan.

Yo miro la televisión.
Hablo español.
Estudio mucho.

D. Contesten.

¿Miras la televisión?
¿Miras la televisión en la sala?
¿Miras la televisión con la familia?
¿Qué miras?
¿Dónde miras la televisión?
¿Llamas por teléfono?
¿Hablas inglés?
¿Hablas inglés con la familia?
¿Hablas español?
¿Hablas español con la profesora?
¿Con quién hablas español?
¿Estudias?
¿Estudias mucho?
¿Estudias en la escuela?
¿Dónde estudias?

Segunda persona singular

E. Repitan.

¿Miras (tú) la televisión?
¿Llamas por teléfono?
¿Estudias mucho?

F. Sigan el modelo.

Yo hablo español.
Y tú también hablas español.

Yo miro la televisión.
Yo estudio inglés.
Yo llamo por teléfono.
Yo hablo con Carmen.
Yo estudio mucho.

G. Sigan las instrucciones.

Pregúntele a una muchacha si mira la televisión.
Pregúntele a un muchacho si mira la televisión en la sala.
Pregúntele a una muchacha si llama por teléfono.
Pregúntele a un muchacho si habla español.
Pregúntele a una muchacha si estudia inglés.
Pregúntele a un muchacho si habla por teléfono.

Reglas

Many verbs, or action words, in Spanish belong to a family, or conjugation. The first-conjugation verbs are referred to as the **–ar** verbs because the infinitive ends in **–ar.** Note that Spanish verbs change endings according to the subject. Study the following forms in the singular.

	mirar	**hablar**	**llamar**	**estudiar**
yo	miro	hablo	llamo	estudio
tú	miras	hablas	llamas	estudias
él, ella	mira	habla	llama	estudia

Read the following.

Ahora yo miro la televisión. Tú no miras la televisión. Tú estudias. Y Carlos habla con un amigo.

What verb ending is used when you speak about yourself? What ending is used when you speak to a friend? And what ending is used when you speak about someone else?

Aplicación escrita

H. Complete each sentence with the appropriate verb ending.

1. Juan mir_____ la televisión.
2. Yo llam_____ por teléfono.
3. ¿Habl_____ tú español?
4. Carlos llam_____ por teléfono.
5. Yo estudi_____ mucho.
6. María estudi_____ mucho también.
7. La profesora habl_____ con un alumno.
8. Tú estudi_____ español, ¿no?
9. Yo habl_____ español.
10. Él mir_____ la televisión en la sala.

I. Complete each of the following based on the illustration.

1. Elena ____________________________ .
   Yo ____________________________ .
   Tú ____________________________ .

2. El muchacho ____________________________ .
   Tú ____________________________ .
   Yo ____________________________ .

3. Carlos ____________________________ .
   Yo ____________________________ .
   Tú ____________________________ .

J. Write each sentence in the negative according to the model.

Carlos llama por teléfono.
Carlos no llama por teléfono.

1. Hablo inglés.
2. Elena mira la televisión en la escuela.
3. Tú estudias mucho.
4. La profesora llama por teléfono.
5. El alumno habla con la profesora en la sala.

Juventud

Dos hermanas, Cuernavaca, México

Un joven puertorriqueño

Una alumna de San Juan, Puerto Rico

Una muchacha india, Guatemala

Unos muchachos de León, España

Escuelas

Una escuela privada,
San Juan, Puerto Rico

Escuela de una región rural, México

En Cochas Chica, Perú

Los alumnos llevan uniforme, Ciudad de México

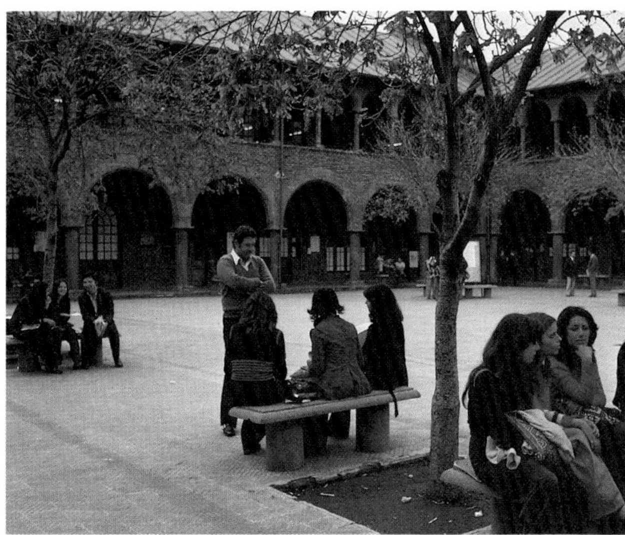

Universidad Católica, Santiago de Chile

En una escuela del altiplano, Bolivia

Mercados y Supermercados

Supermercado moderno en San Isidro, Lima, Perú

El mercado en Chichicastenango, Guatemala

Mercado antiguo, Chinchero, Perú

El Rastro, Madrid, España

Supermercado moderno en Cuernavaca, México

El mercado en Oaxaca, México

Guatemala

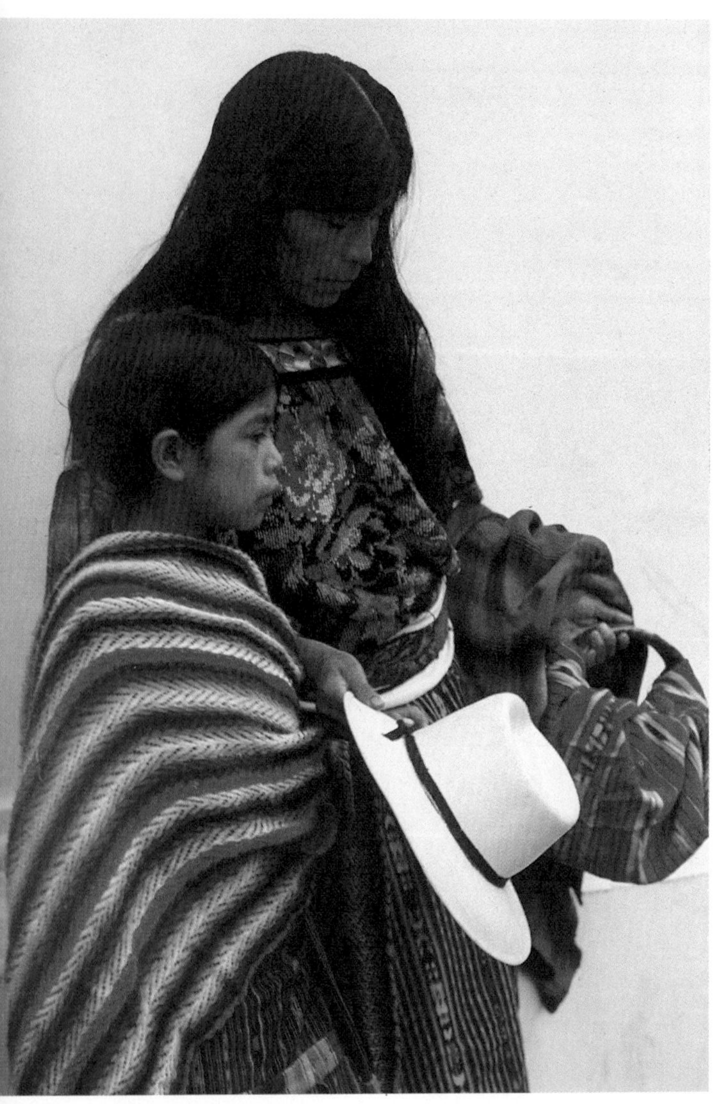

Una madre con su hija

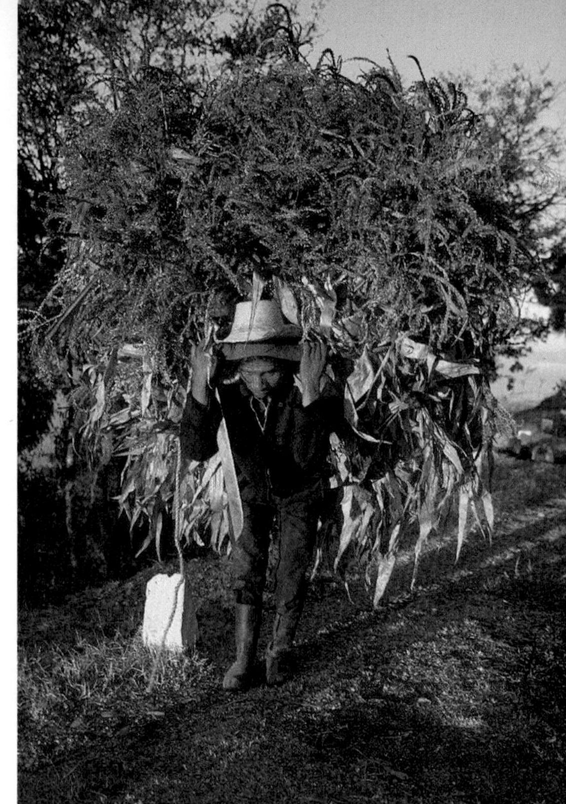

El hombre lleva sus productos al mercado

El valle fértil de Aguacatán

Dos muchachas indias de Aguacatán

El mercado de Chichicastenango

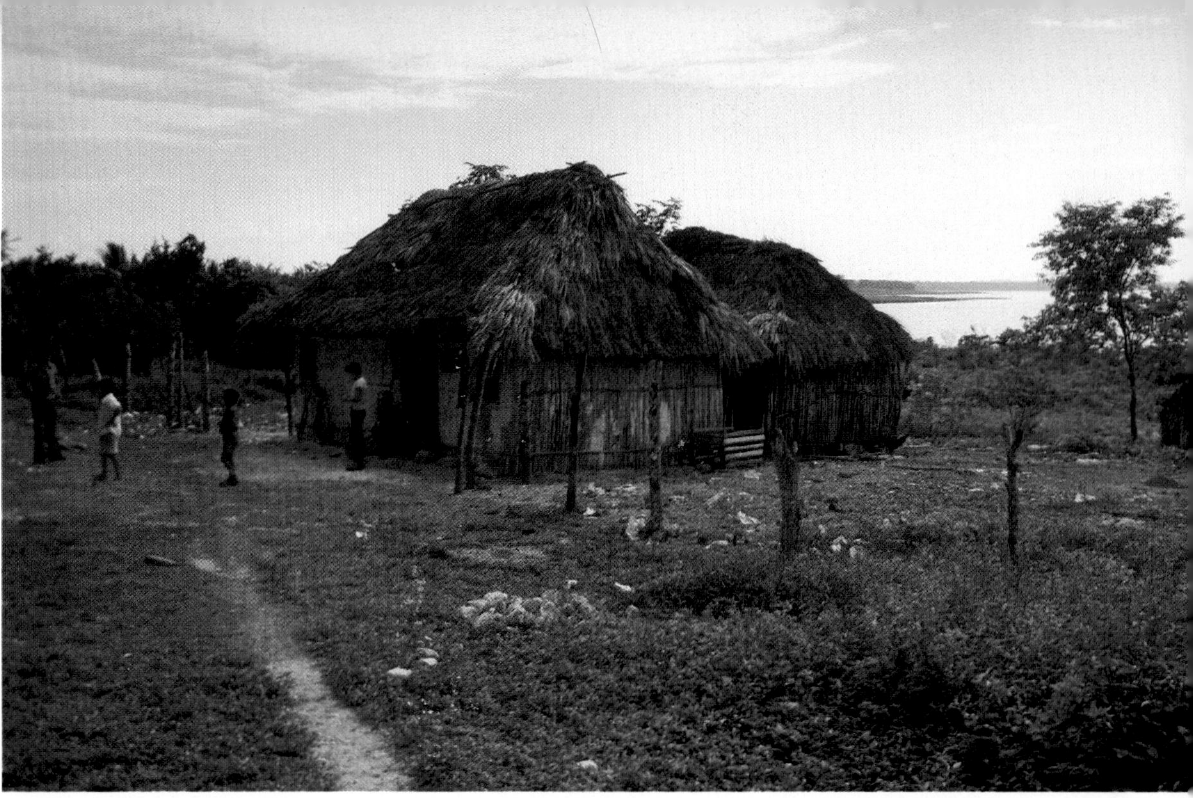

Una casa con techo de paja

La gente vende sus productos, Antigua

Tercera persona singular—Ud.

A. Repitan.

¿Mira Ud. la televisión, señor López?
¿Habla Ud. inglés, señorita Gómez?
¿Estudia Ud., señora Martínez?

B. Sigan las instrucciones.

Pregúntele al señor López si mira la televisión.
Pregúntele a la señorita López si mira la televisión.
Pregúntele a la señora Iglesias si habla inglés.
Pregúntele al señor Martínez si habla por teléfono.
Pregúntele a la señorita Rodríguez si estudia inglés.

INFORME ESCOLAR
ESCUELAS SECUNDARIAS CATOLICAS

Ana María Delgado
NOMBRE DEL ALUMNO

Colegio del Sagrado Corazón
NOMBRE DEL COLEGIO

Puebla Nueva — 11
PUEBLO — GRADO

19 80 19 81

	1	2	Pr.	1	2	Pr.
EDUCACION EN LA FE III	95					
ESPAÑOL III	85					
INGLES III	90					
ALGEBRA						
MATEMATICA GENERAL						
GEOMETRIA						
ALGEBRA II	93					
TRIGONOMETRIA						
MATEMATICA AVANZADA						
HISTORIA GENERAL I						
HISTORIA GENERAL II						
HISTORIA DE PUERTO RICO	87					
HISTORIA DE ESTADOS UNIDOS	85					
IPS						
ESCP						
BIOLOGIA						
QUIMICA	97					
FISICA						
INDICE	90					
AUSENCIAS	0					
TARDANZAS	1					
CONDUCTA	A					

Ana María estudia inglés y español

Reglas

In Spanish there are two ways to say *you*. When addressing a friend, relative, or person of the same age, you would use **tú.** However, when speaking to an adult or to a person whom you do not know very well, it is necessary to use **usted,** which is commonly abbreviated **Ud.** Note that the ending for the **Ud.** form of the verb is **a.**

Ud. mira   Ud. habla   Ud. llama   Ud. estudia

Aplicación escrita

C. Follow the model.

Juanito, ¿hablas español?
Señor Gómez, ¿habla Ud. español?

1. Juanito, ¿miras la televisión?
2. Juanito, ¿estudias español?
3. Juanito, ¿hablas inglés?
4. Juanito, ¿llamas por teléfono?

Posesión con **de**

A. Repitan.

Teresa es la amiga de Carlos.
Carlos es el amigo de Teresa.
La amiga de Carlos es alta.

B. Contesten.

¿Es Carlos el amigo de María?
¿Es Elena la amiga de Paco?
¿Es guapo el amigo de Carmen?
¿Es americana la profesora de Teresa?
¿Es cubana la familia de Roberto?
¿Es alta la profesora de José?
¿Es guapo el profesor de Bárbara?
¿Es bonita la casa de Rosita?
¿Habla español el amigo de Teresa?
¿Estudia inglés la amiga de Juan?

El muchacho habla por teléfono

Reglas

In English the possessive is expressed by *'s*.

John's friend

In Spanish a prepositional phrase with **de** is used to express the possessive. Study the following.

El amigo de Carmen
La casa de Elena
La profesora de Carlos

Aplicación escrita

C. Complete each sentence with the appropriate words.

1. Juan es ______ amigo ______ José.
2. María es ______ amiga ______ Carlos.
3. Es ______ casa ______ la familia cubana.
4. ______ profesora ______ Roberto es americana.
5. ______ amigo ______ Teresa llama por teléfono.
6. ¿Es guapo ______ profesor ______ Elena?
7. ¿Es cubana ______ familia ______ María?
8. La señorita López es ______ profesora ______ Juan.

Con la familia en la sala

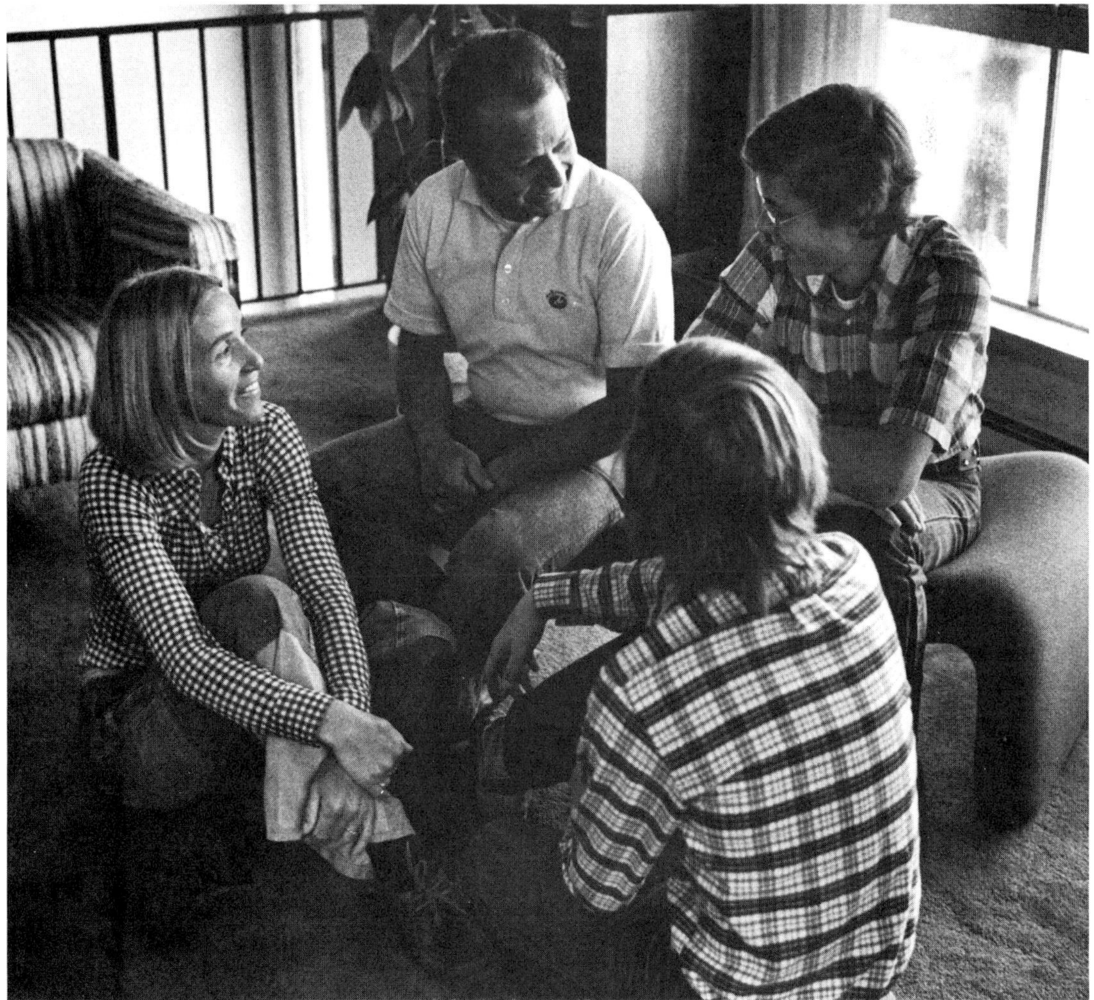

IMPROVISACIONES

¿Quién llama por teléfono?

Carlos	¡Hola!
Teresa	¡Hola!
Carlos	¿Con quién hablo?
Teresa	¿Con quién hablas? Con la profesora.
Carlos	Con la profesora, ¿eh? No, Teresa. Tú no eres la profesora.
Teresa	Pues, Carlos. ¿Qué estudias ahora?
Carlos	¿Yo? Ahora estudio español. ¿Y tú?
Teresa	Yo también estudio español.

PREGUNTAS ¿?

1. ¿Habla Carlos con la profesora?
2. ¿Con quién habla él?
3. ¿Es Teresa una amiga de Carlos?
4. ¿Qué estudia Carlos?
5. Y Teresa, ¿qué estudia?
6. ¿Quién llama por teléfono? ¿Carlos o Teresa?

Símbolos

fa	fe	fi	fo	fu
familia	feo fea Felipe	(fino)	(foto) teléfono Adolfo	(fuma)
la	**le**	**li**	**lo**	**lu**
la sala escuela	Elena televisión teléfono	(Lima)	López Lola	(luna) alumna
ma	**me**	**mi**	**mo**	**mu**
(mamá) María	(mesa)	mira familia amigo	(famoso)	mucho muchacha

TRABALENGUAS

Elena López no es alumna.
La familia es famosa.
El amigo de Lola es Adolfo.

La muchacha estudia

ESCENAS

Carlos y Teresa

Carlos es un muchacho alto. Él es americano. Es un amigo de Teresa. Teresa es una muchacha cubana. En la escuela Teresa estudia español. Carlos también estudia español. La profesora de español es muy simpática.

De noche Carlos estudia en casa. Mira la televisión. Mira la televisión con la familia en la sala. Y a veces, habla por teléfono con Teresa.

muy simpática *very nice*
De noche *In the evening*
a veces *sometimes*

PREGUNTAS

1. ¿Quién es un muchacho alto?
2. ¿Es americano o cubano Carlos?
3. ¿Qué es Teresa?
4. ¿Dónde estudia español Teresa?
5. ¿Estudia español Carlos?
6. ¿Cómo es la profesora?
7. ¿Estudia Carlos en casa?
8. ¿Qué mira?
9. ¿Con quién mira la televisión?
10. ¿Dónde mira la televisión?
11. ¿Con quién habla por teléfono?

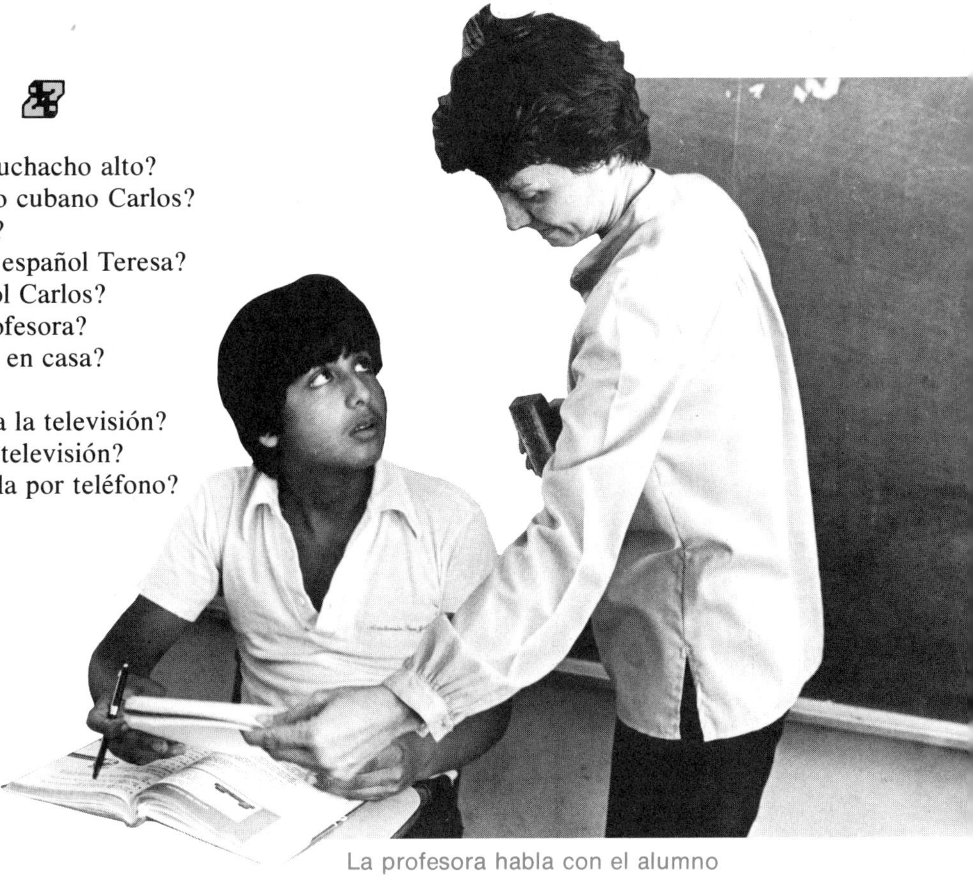

La profesora habla con el alumno

Answer the following questions in paragraph form.

¿Es Teresa una alumna?
¿Dónde estudia ella?
¿Qué estudia? ¿Español o inglés?
¿Habla con el (la) profesor(a) en la escuela?
¿Es simpático(a) el (la) profesor(a)?
De noche, ¿mira ella la televisión?
¿Dónde mira ella la televisión?
¿Con quién mira la televisión?
A veces, ¿llama por teléfono?
¿Con quién habla?

Perspectivas

pasatiempo

In the following crucigram, there are 28 Spanish words that you have already learned. On a separate sheet of paper, write the letters of the crucigram. Then circle each word you can find. The words can go from left to right, from right to left, from the top down, or from the bottom up.

O	P	R	A	L	U	M	N	O	A	T
N	B	L	O	P	A	U	G	Y	R	E
O	A	G	I	M	A	C	B	O	I	L
F	J	I	D	J	O	H	C	U	M	E
É	O	P	U	E	L	A	E	F	S	V
L	A	L	T	N	O	C	A	S	A	I
E	N	L	S	A	Q	H	B	É	L	S
T	U	A	E	C	U	O	T	L	A	I
F	A	M	I	L	I	A	D	F	G	Ó
H	P	O	R	S	É	L	G	N	I	N
O	N	K	B	O	N	I	T	A	J	I

Entrevista

¿Eres americano(a)? ¿Hablas inglés? ¿Eres alumno(a)? ¿Estudias español? ¿Dónde estudias español? ¿En qué escuela estudias? ¿Quién es el (la) profesor(a) de español? ¿Es simpático(a)? A veces, ¿miras la televisión? ¿Dónde miras la televisión? ¿Con quién miras la televisión? ¿Hablas mucho por teléfono? ¿Con quién hablas por teléfono?

Resumen oral

3

Bases

1. Juan va al supermercado.
   El supermercado es moderno.

2. Juan está en el supermercado.
   Compra mucho.
   Va de un pasillo a otro.
   Él paga en la caja.

3. María va al mercado también.
   El mercado es antiguo.

4. María está en el mercado.
   Ella necesita mucho.
   María va de un puesto a otro.
   Compra leche en la lechería.
   Compra carne en la carnicería.
   Compra comida en el mercado.

5. Antonio está en casa.
Está en la cocina.
Él prepara un bocadillo.

Un puesto de un mercado—Barcelona

Práctica

A. Answer each question with a complete sentence.

1. ¿Va Juan al supermercado?
2. ¿Adónde va Juan?
3. ¿Compra mucho en el supermercado?
4. ¿Va de un pasillo a otro?
5. ¿Dónde paga en el supermercado?
6. ¿Va María al mercado?
7. ¿Cómo es el mercado?
8. ¿Necesita mucho María?
9. ¿Va ella de un puesto a otro?
10. ¿Dónde compra leche? ¿Y carne?
11. ¿Qué prepara Antonio en la cocina?
12. ¿Dónde prepara él un bocadillo?

B. Answer each question based on the model sentence.

1. Juan va al supermercado.
   ¿Quién va al supermercado?
   ¿Adónde va Juan?
2. María va al mercado.
   ¿Quién va al mercado?
   ¿Adónde va María?
3. Juan está en el supermercado.
   ¿Quién está en el supermercado?
   ¿Dónde está Juan?
4. María está en el mercado.
   ¿Quién está en el mercado?
   ¿Dónde está María?

C. Complete each sentence with an appropriate word.

1. El supermercado es ______, no antiguo.
2. Juan ______ mucho en el supermercado.
3. El señor paga en la ______ en el supermercado.
4. María va de un ______ ___ ______ en el mercado.
5. Compra ______ en la lechería y compra carne en la ______.
6. El muchacho prepara un ______ en la ______.

D. Form a question according to the models.

María está en la escuela.
¿Dónde está María?

María va a la escuela.
¿Adónde va María?

1. La señora está en el supermercado.
2. La señora va al supermercado.
3. José está en el mercado.
4. José va al mercado.
5. La familia va a la cocina.
6. La profesora está en la escuela.

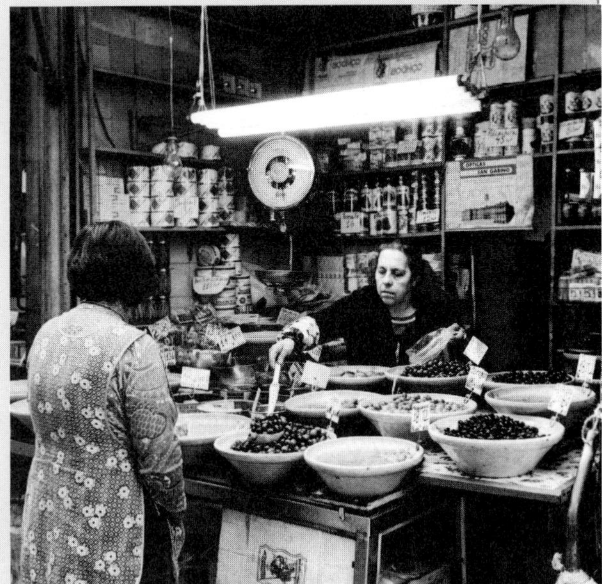

La señora compra comida—Madrid

ESTRUCTURAS

Singular de los verbos **ir** y **estar**

Tercera persona singular

A. Repitan.

María va a la escuela.
María está en la escuela.

B. Contesten.

¿Va María a la escuela?
¿Está María en la escuela?
¿Va la señora Martínez a la sala?
¿Está en la sala la señora Martínez?
¿Va a la cocina José?
¿Está en la cocina José?
¿Va a casa Pablo?
¿Está en casa Pablo?
¿Va María de un puesto a otro?
¿Va José de un pasillo a otro?
¿Va a la sala Roberto?
¿Adónde va Roberto?
¿Está en la sala Roberto?
¿Dónde está Roberto?

Primera persona singular

C. Repitan.

Yo voy a la escuela.
Yo voy a la cocina.
Yo estoy en la escuela.
Yo estoy en la cocina.

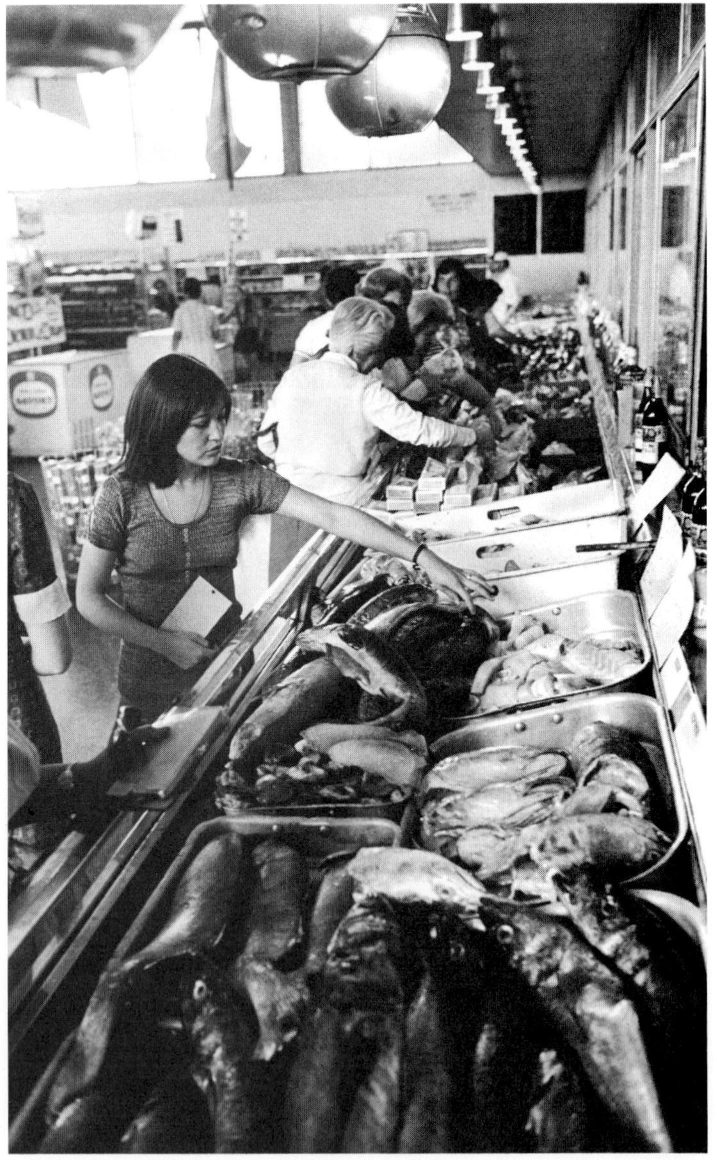

Un supermercado moderno en Chile

D. Contesten.

¿Vas a la escuela?
¿Estás en la escuela?
¿Vas a la escuela con Carmen?
¿Con quién vas a la escuela?
¿Adónde vas con Carmen?
¿Estás en la sala con Carmen?
¿Con quién estás en la sala?
¿Dónde estás con Carmen?
¿Vas a casa?
¿Adónde vas?

Segunda persona singular

E. Repitan.

¿Vas a la escuela?
¿Estás en la escuela?

F. Sigan el modelo.

Elena va a la escuela.
Tú no vas a la escuela.

Elena va al mercado.
Elena va a casa.
Elena está en la cocina.
Elena está en el supermercado.

G. Sigan las instrucciones.

Pregúntele a una muchacha si va a la escuela.
Pregúntele a un muchacho si va a la escuela.
Pregúntele a una muchacha si va a la sala.
Pregúntele a un muchacho si va a la sala.
Pregúntele a una muchacha si está en la escuela.
Pregúntele a un muchacho si está en la escuela.
Pregúntele a una muchacha si está en la sala.
Pregúntele a un muchacho si está en la sala.
Pregúntele a una muchacha adónde va.
Pregúntele a un muchacho dónde está.

*Tercera persona singular—**Ud.***

H. Repitan.

¿Va Ud. a la sala, señora Gómez?
¿Está Ud. en la sala, señora Gómez?

I. Sigan el modelo.

Yo estoy en casa.
¿Dónde está Ud., señor?

Yo voy a la cocina.
Yo estoy en la cocina.
Yo voy a la escuela.
Yo estoy en la escuela.
Yo voy a casa.
Yo estoy en casa.

Reglas

The verbs **ir** and **estar** are irregular verbs. However, you will note that with the exception of the first person **(yo)**, the endings are the same as those of the regular **–ar** verbs.

	ir	**estar**
yo	voy	estoy
tú	vas	estás
él, ella, Ud.	va	está

Aplicación escrita

J. Complete each sentence with the appropriate form of the verb *ir* or *estar*, according to the meaning.

1. Juan ______ en la cocina.
2. Yo no ______ a la escuela, ______ al mercado.
3. Carlos ______ en la sala donde mira la televisión.
4. ¿Adónde ______ tú?
5. Yo ______ al supermercado donde compro mucho.
6. Tú ______ en la escuela y hablas con la profesora.
7. ¿Quién ______ en la sala?
8. Yo ______ a casa con José.

K. Answer each question with a complete sentence.

1. ¿Vas a la escuela? ¿Qué estudias en la escuela?
2. ¿Vas al supermercado? ¿Qué compras en el supermercado?
3. ¿Vas a la cocina? ¿Qué preparas en la cocina?
4. ¿Estás en la sala? ¿Qué miras en la sala?
5. ¿Estás en el supermercado? ¿Dónde pagas en el supermercado?

La contracción **al**

A. Repitan.

Voy a la sala.
Voy al mercado.
Voy a la escuela.
Voy al supermercado.

B. Contesten.

¿Vas a la sala?
¿Vas al mercado?
¿Vas a la escuela?
¿Vas al supermercado?
¿Vas a la caja?
¿Vas al puesto?
¿Vas a la carnicería?

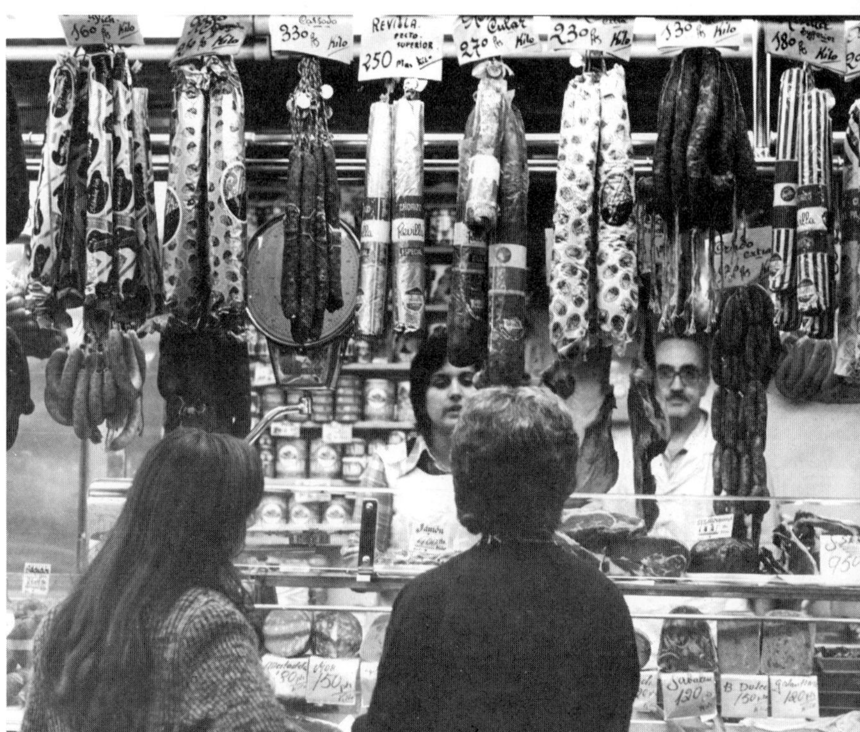

En la charcutería

Reglas

When **el** is used with the preposition **a**, the two words are combined to form one word **al.** This is called a contraction.

Voy al mercado.
Voy al supermercado.

Aplicación escrita

C. Look at the pictures and tell where each person is going.

1. Juan va ______.

2. María va ______.

3. El muchacho va ______.

4. La muchacha va ______.

IMPROVISACIONES

¿Adónde vas?

Rosa	Hola, Antonio. ¿Adónde vas?
Antonio	Voy al supermercado.
Rosa	¿Qué necesitas?
Antonio	¡Ay! Necesito mucho.
Rosa	¿No va Carmen?
Antonio	No, ella está en casa.

PREGUNTAS ¿?

1. ¿Con quién habla Rosa?
2. ¿Adónde va Antonio?
3. ¿Qué necesita en el supermercado?
4. ¿Va Antonio con Carmen?
5. ¿Dónde está Carmen?

ADIVINANZAS

Carmen está en casa. ¿Por qué?

¿Mira la televisión? ¿Estudia? ¿Compra mucho? ¿Prepara un bocadillo? ¿Habla con la familia?

Símbolos

na	ne	ni	no	nu
cubana americana cocina alumna	necesita carne	Anita carnicería	no cubano noche teléfono	(monumento)
pa	**pe**	**pi**	**po**	**pu**
pasillo paga (pan) prepara (papá)	Pepe (peso) Felipe	Pepita (pipa)	(popular)	(popular)

TRABALENGUAS

La alumna americana es Anita.
El monumento de Felipe es famoso.
Anita necesita carne de la carnicería.
Pepita paga.
Papá prepara pan.
Pepe está en la cocina con Anita.

De un pasillo a otro—México

ESCENAS

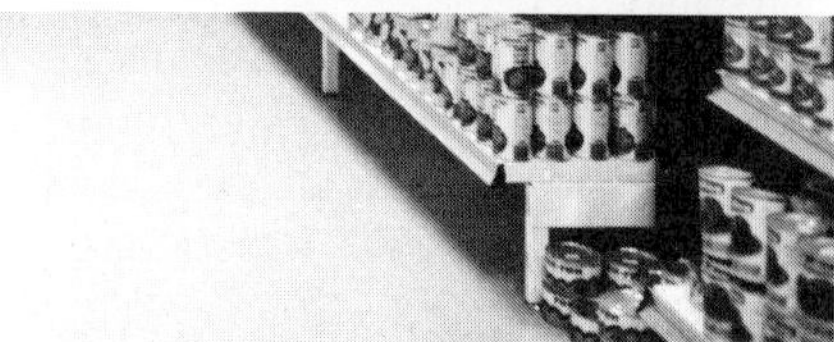

¿Al supermercado o al mercado?

Roberto es un muchacho americano. Hoy él necesita comida. ¿Y dónde compra la comida? Él va a un supermercado. En el supermercado él compra carne, leche, etc. Él va de un pasillo a otro. Y luego él paga en la caja.

Maripaz es una muchacha de Madrid. Madrid es la capital de España. Hoy Maripaz también necesita comida. A veces ella va a un supermercado. Pero frecuentemente ella va al mercado de la Merced. El mercado está en el centro de Madrid.

En el mercado ella va de un puesto a otro. En un puesto compra carne. En otro compra leche. Y ella no paga en la caja. Paga la carne en la carnicería y paga la leche en la lechería.

Hoy *Today*

luego *then*

Pero *But*

frecuentemente *frequently*

PREGUNTAS ¿?

1. ¿Quién es un muchacho americano?
2. ¿Qué necesita hoy?
3. ¿Dónde compra la comida?
4. ¿Qué compra en el supermercado?
5. ¿Va él de un pasillo a otro?
6. ¿Dónde paga?
7. ¿De dónde es Maripaz?
8. ¿Qué es Madrid?
9. ¿Qué necesita Maripaz?
10. ¿Va ella a un supermercado?
11. ¿Adónde va frecuentemente?
12. ¿Dónde está el mercado?
13. ¿Va ella de un puesto a otro?
14. ¿Paga ella en la caja?
15. ¿Dónde paga la carne? ¿Y la leche?

Un mercado antiguo—México

Answer the following questions in paragraph form.

¿Necesita Juan comida?
¿Adónde va él?
¿Qué compra en el supermercado?
¿Va él de un pasillo a otro?
Luego, ¿dónde paga?
¿Va María a un mercado antiguo?
¿Dónde está el mercado?
¿Va ella de un puesto a otro?
¿Paga la carne en la carnicería?
¿Dónde paga la leche?

Perspectivas

pasatiempo

Fill in the missing letter in each word. Then rearrange all the letters to reveal the name of a place.

1. __ U E S T O
2. P __ G O
3. M __ D E R N O
4. E S T __ D I A
5. __ O M P R A
6. P A __ I L L O
7. T A __ B I É N
8. M E R C A __ O
9. C A __ N E
10. P __ E P A R A
11. __ S T Á
12. D __
13. __ E C H E
14. N __ C E S I T A

__ __   __ __ __ __ __ __ __ __ __ __ __ __

Entrevista

¿Compra mamá o papá comida? ¿Compra la comida en un mercado o en un supermercado? En el supermercado, ¿va de un puesto a otro? ¿Va de un pasillo a otro? ¿Paga en la caja? A veces, ¿vas tú a un supermercado? ¿A qué supermercado vas? ¿Va Maripaz a un supermercado? ¿Pero va Maripaz frecuentemente a un mercado? ¿A qué mercado va Maripaz? ¿Es antiguo o moderno el mercado? ¿Qué compras tú en el supermercado? ¿Y qué compra Maripaz en el mercado? ¿Dónde pagas en el supermercado? ¿Paga Maripaz en la caja?

Resumen oral

4
MISH

Bases

1. La familia está en el comedor.
   La familia come.
   La mesa está en el comedor.

2. El padre come carne.
   La madre come ensalada.
   María come papas (patatas).
   Diego come torta.
   ¡Qué comida más rica (deliciosa)!

3. El padre lee el periódico.
   María no lee un libro.
   María escribe una carta.
   No recibe una carta.

4. María está en el cine.
   María ve una película.
   María ve a Carlos.
   María ve una película con Carlos.

5. La casa es pequeña.
La casa es de piedra.
El techo es de paja.
La casa está en un pueblo.
María vive en la casa.
María lleva un vestido.
La familia come en el suelo.
La familia come delante de la casa.
La huerta está cerca de la casa.

6. La señora vende vegetales.
El señor vende vegetales también.
Vende vegetales en el mercado.
La iglesia está en la plaza.

Práctica

A. Answer each question with a complete sentence.

1. ¿Dónde come la familia?
2. ¿Dónde está la mesa?
3. ¿Qué come el padre?
4. ¿Qué come la madre?
5. ¿Qué come María?
6. ¿Qué come Diego?
7. ¿Quién lee el periódico?
8. ¿Qué escribe María?
9. ¿Recibe María la carta?
10. ¿Dónde ve María una película?
11. ¿A quién ve en el cine?
12. ¿De qué es la casa?
13. ¿De qué es el techo de la casa?
14. ¿Dónde come la familia?
15. ¿Dónde está la huerta?
16. ¿Qué vende la señora en el mercado?
17. ¿Dónde está la iglesia?

B. True or false.

1. María ve una película en el comedor.
2. El techo de una casa moderna es de paja.
3. Hay vegetales en una ensalada.
4. El muchacho escribe un periódico.
5. El señor vende vegetales en el cine.

C. Complete each sentence with an appropriate word.

1. La familia come en el _______ .
2. La _______ está en el comedor.
3. El padre come _______ , _______ y _______ .
4. ¡Qué _______ más rica!
5. Carlos _______ el periódico.
6. La muchacha _______ en una casa de piedra.
7. Juanito escribe una _______ .
8. María ve una _______ en el cine.
9. El _______ de la casa es de paja.
10. La _______ está en la plaza.
11. El señor _______ vegetales en el _______ .
12. La huerta está _______ _______ la casa.

D. Find the word in each group that does not belong.

1. papas, carne, leche, vestido, vegetales
2. libro, escuela, carta, periódico
3. comida, mesa, iglesia, comedor
4. casa, plaza, cocina, sala, comedor

La familia come en el comedor

ESTRUCTURAS

Singular de los verbos en –er e –ir

Tercera persona singular

A. Repitan.

La madre come ensalada.
El padre lee el periódico.
La muchacha recibe una carta.
Carlos vive en Madrid.

B. Contesten.

¿Come ensalada la madre?
¿Come papas Roberto?
¿Come mucho el muchacho?
¿Come torta Elena?
¿Lee el periódico la madre?
¿Lee un libro Rosita?
¿Vende vegetales el señor?
¿Vive en Madrid Elena?
¿Vive en una casa antigua Anita?
¿Recibe una carta la muchacha?
¿Recibe una carta Juanito?
¿Escribe él a Rosita?

La muchacha vende vegetales—Guatemala

Primera persona singular

C. Repitan.

Yo como papas.
Leo un libro.
Escribo una carta.
Vivo en Santiago.

D. Contesten.

¿Comes papas?
¿Comes torta?
¿Lees el periódico?
¿Lees un libro?
¿Vendes el periódico?
¿Vendes vegetales?
¿Escribes una carta?
¿Escribes un libro?
¿Recibes una carta?
¿Vives en Madrid?
¿Vives en Santiago?
¿Dónde vives?

Segunda persona singular

E. Repitan.

Tú comes ensalada, ¿no?
Lees el periódico, ¿no?
Vives en Madrid, ¿no?

F. Sigan el modelo.

¿Quién escribe la carta?
Tú escribes la carta.

¿Quién come torta?
¿Quién lee el periódico?
¿Quién recibe la carta?
¿Quién vive en San Juan?
¿Quién vende la casa?
¿Quién escribe a Elena?

Tercera persona singular—Ud.

G. Repitan.

¿Come Ud. ensalada, señor López?
¿Lee Ud. el periódico, señora Gómez?
¿Vive Ud. en Madrid, señorita Martínez?
¿Escribe Ud. una carta, señor Iglesias?

H. Sigan las instrucciones.

Pregúntele al señor Gómez si come papas.
Pregúntele a la señora López si lee un libro.
Pregúntele a la señora Flores si vende la casa.
Pregúntele al señor Rodríguez si escribe una carta.
Pregúntele a la señorita Martínez dónde vive.

Reglas

In addition to the **–ar,** or first-conjugation verbs, there are two other verb families, or conjugations. These are the verbs that end in **–er** and **–ir.** Verbs that end in **–er** are referred to as second-conjugation verbs, and those that end in **–ir** are referred to as third-conjugation verbs. You will note that the singular endings of **–er** and **–ir** verbs are the same.

	comer	leer	vender
yo	como	leo	vendo
tú	comes	lees	vendes
él, ella, Ud.	come	lee	vende

yo	escribo	recibo	vivo
tú	escribes	recibes	vives
él, ella, Ud.	escribe	recibe	vive

Now let us look at the singular endings for a verb from each of the three families, or conjugations.

	mirar	comer	vivir
yo	miro	como	vivo
tú	miras	comes	vives
él, ella, Ud.	mira	come	vive

What is the ending that is used with **yo?** Is it the same for all three conjugations? For **tú, él, ella,** and **Ud.,** what vowel appears for first-conjugation verbs? What vowel appears for both second- and third-conjugation verbs?

El verbo **ver**

A. Repitan.

Elena ve la película.
Veo la casa.
¿Ves el libro?

B. Contesten.

¿Ve María la película?
¿Ve Carlos el libro?
¿Ve el muchacho la mesa?
¿Ves la película?
¿Ves la carta?
¿Ves la caja?
¿Ves la casa de piedra?
¿Ves el puesto?
¿Ves la iglesia?

C. Sigan el modelo.

Veo el libro.
¿No ves el libro?

Veo la casa.
Veo la película.
Veo el periódico.
Veo la televisión.

Reglas

The verb **ver** functions the same as an **–er** verb. Note that the **tú** and **él** forms have only one syllable.

	ver
yo	**veo**
tú	**ves**
él, ella, Ud.	**ve**

Aplicación escrita

D. Complete each sentence with the appropriate form of the cued verb.

1. Carlos ______ mucho. comer
2. Yo ______ el periódico. leer
3. La muchacha ______ en Madrid. vivir
4. Yo ______ una carta. recibir
5. ¿______ tú a Elena? Ver
6. Él ______ ensalada. comer
7. Manuel ______ un libro. leer
8. Tú ______ en Santiago, ¿no? vivir
9. Tú ______ mucho. leer
10. Teresa ______ una carta. recibir
11. ¿Qué ______ Ud.? comer
12. Él ______ en España. vivir
13. ¿Qué ______ tú? leer
14. ¿Dónde ______ tú? vivir
15. El señor ______ vegetales. vender

E. Complete each sentence with the appropriate verb ending.

1. Carlos le____ el periódico.
2. Mi padre mir____ la televisión.
3. ¿Qué com____ tú?
4. ¿Habl____ tú español?
5. Yo viv____ en Santiago de Chile.
6. María escrib____ una carta.
7. Carlos prepar____ un bocadillo.
8. Yo prepar____ la comida.
9. ¿Recib____ tú una carta de Roberto?
10. Carlos est____ en el cine.

F. Rewrite the paragraph changing *yo* to *María*.

Yo vivo en Madrid. Estudio en una escuela secundaria. Estudio inglés. Hablo inglés con Elena. Escribo una carta en inglés. Escribo la carta a una amiga que vive en América. Leo mucho. Leo un libro americano.

La a personal

Una casa con techo de paja en Guatemala

A. Repitan.

Veo la mesa.
Veo a María.
Miro la televisión.
Miro a Carlos.

B. Contesten.

¿Ves la película?
¿Ves a Carlos?
¿Miras la televisión?
¿Miras a Anita?
¿Escribes una carta?
¿Escribes a Roberto?

C. Sigan el modelo.

Miro la televisión.
María.
Miro a María.

Miro la televisión.
María.
el libro.
Paco.
Elena.
la carta.
Enrique.

Reglas

Read the following sentences.

Veo el libro. Veo a Juan también.
Miro la televisión. Miro a Juan también.

Each of the above sentences has a direct object. The direct object receives the action of the verb. Can you find the direct object in each sentence? Find the direct objects that are things. Find the direct objects that are persons. You will note that a word appears before the direct object when the direct object is a person. The word is **a**. This is called the **a personal.** It is not translated into English.

Aplicación escrita

D. Supply the *a personal* when necessary.

1. Miro _______ la televisión.
2. Veo _______ Enrique.
3. Llamo _______ Elena.
4. Carlos lee _______ el periódico.
5. Carlos ve _______ María en el cine.

La exclamación ¡qué!

A. Repitan.

¡Qué comida más rica!
¡Qué muchacho más guapo!
¡Qué muchacha más bonita!

B. Sigan el modelo.

comida / rica
¡Qué comida más rica!

muchacha / bonita
muchacho / guapo
escuela / moderna
casa / pequeña
supermercado / moderno
iglesia / bonita
comida / deliciosa

Muchachas indias de Guatemala

Reglas

To express the idea *what a,* the following construction is used in Spanish.

¡Qué comida más rica!
¡Qué muchacho más alto!

Aplicación escrita

C. Make an exclamation using *qué* and *más*.

1. mercado / antiguo
2. casa / pequeña
3. muchacho / guapo
4. iglesia / bonita
5. huerta / bonita

IMPROVISACIONES

¡A la mesa!

Padre	¡A la mesa, todos!
Hijos	¿Dónde? ¿En la cocina o en el comedor?
Padre	En el comedor.
	(*A la mesa*)
Padre	¡Qué comida más rica!
Madre	María, tú comes muy de prisa.
María	Sí, porque voy al cine.
Madre	¿Con quién vas?
María	Voy con un grupo de la escuela.

PREGUNTAS ¿?

1. ¿Va la familia a la mesa?
2. ¿Dónde come la familia?
3. ¿Cómo come María?
4. ¿Adónde va María?
5. ¿Con quién va María al cine?

Símbolos

da	de	di	do	du
comida ensalada	de donde	Diego periódico	Doña Donato donde	(duda) durante
ta	**te**	**ti**	**to**	**tu**
patata carta torta	Teresa teléfono televisión	Martínez tortilla vestido	Juanito Donato	estudia tú

TRABALENGUAS

¿De dónde es Diego?
Tú estudias con Donato.
¿Dónde está la televisión de Donato?
Teresa Martínez estudia con Donato.
El teléfono está en la televisión.

El mercado de Chichicastenango

ESCENAS

En un pueblo indio

María Tujab es una muchacha india. Vive en un pueblo pequeño de Guatemala. La casa de María es pequeña. Es una casa de piedra con techo de paja. La familia de María no come en el comedor. No hay comedor en la casa de María. La familia come en el suelo delante de la casa. María no come carne, papas y ensalada. Come tortillas de maíz.

Durante la comida la familia habla. Pero María no habla español. Habla una lengua india. Después de la comida, María no lee el periódico. No recibe un periódico en el pueblo donde vive. Y ella no ve una película en el cine. No va al cine. Porque en el pueblo donde vive no hay cine.

Pues, ¿cómo es la vida social de María? El domingo ella va con la familia al mercado. En el mercado la madre vende vegetales. El padre cultiva los vegetales en una huerta cerca de la casa.

En el mercado María asiste a la iglesia. Delante de la iglesia ve a una amiga. María habla con la amiga. La amiga no lleva el mismo vestido que María. ¿Por qué no? Porque es de otro pueblo. Una muchacha (o señora) del mismo pueblo lleva el mismo vestido.

hay *there is*
tortillas de maíz *type of corn pancakes*
Durante *During*
lengua *language*
Después de *After*
vida *life*
asiste a *attends*
mismo *same*

PREGUNTAS

1. ¿Qué es María Tujab?
2. ¿Dónde vive María Tujab?
3. ¿Cómo es la casa de María?
4. ¿Come la familia de María en el comedor?
5. ¿Dónde come la familia?
6. ¿Qué come María?
7. ¿Habla español la familia de María?
8. ¿Qué habla la familia?
9. ¿Lee María un periódico?
10. ¿Por qué no lee María un periódico?
11. ¿Ve María una película en el cine?
12. ¿Hay un cine en el pueblo de María?
13. ¿Por qué no ve María una película?
14. ¿Adónde va María el domingo?
15. ¿Con quién va María al mercado?
16. ¿Qué vende la madre de María en el mercado?
17. ¿Quién cultiva los vegetales?
18. ¿Dónde cultiva los vegetales?
19. ¿A quién ve María delante de la iglesia?
20. ¿Habla ella con la amiga?
21. ¿Lleva la amiga el mismo vestido que María?
22. ¿Por qué no lleva el mismo vestido?

Answer the following questions in paragraph form.

¿Dónde vive la muchacha india?
¿De qué es la casa?
¿Come la familia en el comedor?
¿Dónde come la familia?
¿Qué come la muchacha?
¿Por qué no lee ella el periódico?
¿Adónde va la muchacha el domingo?
¿Qué vende la madre en el mercado?
¿A quién ve la muchacha en el mercado?
¿Lleva la amiga el mismo vestido que María? ¿Por qué no?

Perspectivas

pasatiempo

Below is a list of words. Only those items that can be found at a market or supermarket will fit into the puzzle. Can you choose those items and fit them into the puzzle in the proper order?

leche	***películas***	***ensalada***
plaza	***comedor***	***mercados***
vegetales	***patatas***	***torta***
carne		

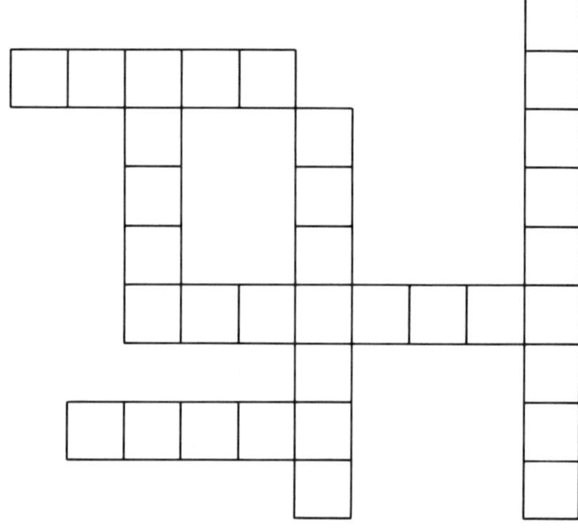

Entrevista

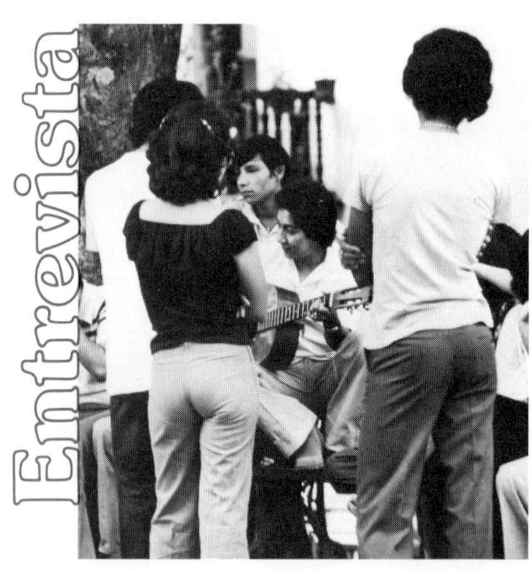

¿Comes en el comedor o en la cocina? ¿Quién prepara la comida en casa? ¿Dónde prepara la comida? Después de la comida, ¿vas a la sala? A veces, ¿vas al cine? ¿Qué ves en el cine? ¿Con quién vas al cine? En la sala, ¿estudias? ¿Hablas con la familia? ¿Miras la televisión? ¿Ves una película en la televisión? ¿Lees el periódico? ¿Llamas a un amigo por teléfono?

¿Hablas inglés? ¿Qué habla María Tujab? ¿Dónde vives? ¿Dónde vive María Tujab? ¿Dónde comes? Y María, ¿dónde come? Tú, ¿qué comes? Y María, ¿qué come? ¿Qué periódico lees? ¿Lee María un periódico? ¿Por qué no?

Resumen oral

5

Bases

1. Es el invierno.
   Hace frío.
   Nieva.
   María va a las montañas.

2. Pablo esquía.
   Juan no tiene cuidado.
   Tiene un accidente.
   Se cae.
   Se rompe la pierna.

3. Juan tiene que ir al hospital.
   El hospital está en la ciudad.

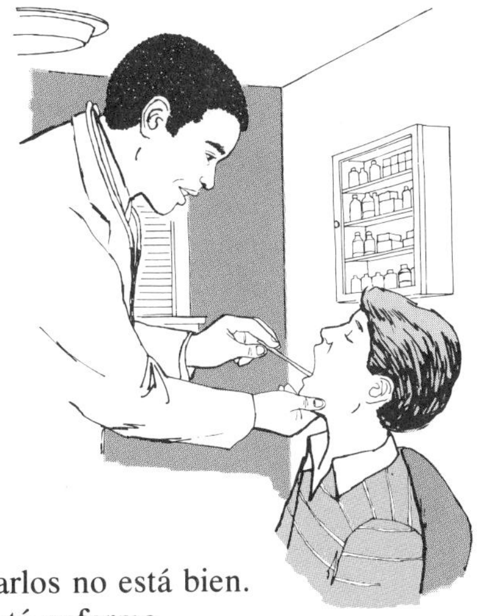

4. Carlos no está bien.
   Está enfermo.
   Tiene catarro.
   Él está en la consulta del médico.
   Carlos abre la boca.
   El médico examina la garganta.

5. Anita tiene que tomar una pastilla.
Tiene que pasar dos días en cama.

¡A las montañas!

Práctica

A. Answer each question with a complete sentence.

1. ¿Hace frío en el invierno?
2. ¿Cuándo hace frío?
3. ¿Nieva en el invierno?
4. ¿Cuándo nieva?
5. ¿Adónde va María?
6. ¿Esquía Pablo?
7. ¿Por qué tiene Juan un accidente?
8. ¿Adónde tiene que ir?
9. ¿Está bien Carlos?
10. ¿Cómo está?
11. ¿Qué tiene?
12. ¿Qué abre?
13. ¿Qué examina el médico?
14. ¿Qué tiene que tomar Anita?
15. ¿Cuántos días tiene que pasar en cama?

B. Answer each question based on the model sentence.

1. Juan va a las montañas en el invierno.
   ¿Quién va a las montañas?
   ¿Adónde va Juan en el invierno?
   ¿Cuándo va Juan a las montañas?
2. María va al mercado el domingo.
   ¿Quién va al mercado?
   ¿Adónde va María el domingo?
   ¿Cuándo va María al mercado?
3. A veces Carlos va a la consulta del médico.
   ¿Quién va a la consulta del médico?
   ¿Adónde va Carlos?
   ¿Cuándo va Carlos a la consulta del médico?

C. Form a question according to the model.

Hace frío *en el invierno*.
¿Cuándo hace frío?

1. Juan abre *la boca*.
2. Él habla con el médico *frecuentemente*.
3. María está *bien*.
4. La muchacha va *a las montañas*.
5. Él tiene un accidente *a veces*.
6. El hospital está *en la ciudad*.
7. Nieva mucho *en el invierno*.
8. La familia mira la televisión *de noche*.

D. Complete each sentence with an appropriate word.

1. Hace _______ en el invierno.
2. Nieva mucho en el _______.
3. La muchacha _______ en el invierno.
4. Ella esquía en las _______.
5. El amigo se cae. Tiene un _______.
6. Se rompe la _______.
7. Carlos no está _______. Está _______.
   Tiene _______.
8. El médico examina la _______.

ESTRUCTURAS

Singular del verbo **tener**

Tercera persona singular

A. Repitan.

Juan tiene un accidente.
Carlos tiene catarro.

B. Contesten.

¿Tiene catarro Carlos?
¿Tiene un accidente Paco?
¿Tiene una pastilla el médico?
¿Tiene una televisión María?
¿Tiene un libro la muchacha?
¿Tiene un periódico la profesora?

Primera persona singular

C. Repitan.

Yo tengo catarro.
Tengo un accidente.

D. Contesten.

¿Tienes catarro?
¿Tienes un accidente?
¿Tienes un libro?
¿Tienes un periódico?
¿Tienes una carta?
¿Tienes teléfono?

Segunda persona singular

E. Repitan.

Juan, ¿tienes catarro?
Elena, ¿tienes el periódico?

F. Sigan las instrucciones.

Pregúntele a un muchacho si tiene catarro.
Pregúntele a una muchacha si tiene el periódico.
Pregúntele a un muchacho si tiene el libro.
Pregúntele a una muchacha si tiene la carta.

Tercera persona singular—Ud.

G. Repitan.

¿Ticnc Ud. el periódico, señor López?
¿Tiene Ud. catarro, señora Iglesias?

H. Sigan el modelo.

¿Quién tiene el periódico?
¿No tiene Ud. el periódico, señor?

¿Quién tiene el libro?
¿Quién tiene la carta?
¿Quién tiene el periódico?
¿Quién tiene el bocadillo?

Los Andes

Reglas

The verb **tener** is irregular. Learn the following singular forms.

	tener
yo	tengo
tú	tienes
él, ella, Ud.	tiene

Aplicación escrita

I. Complete each of the following with the appropriate form of the verb *tener* based on the illustration.

1. Yo ____________________________ .
   Ella ____________________________ .
   Ud. ____________________________ .
   Tú ____________________________ .

2. Ella ____________________________ .
   Tú ____________________________ .
   Yo ____________________________ .
   Ud. ____________________________ .

3. Ud. ____________________________ .
   El muchacho ____________________ .
   Yo ____________________________ .
   Tú ____________________________ .

J. Complete each sentence with the appropriate form of the verb *tener*.

1. Eduardo ________ un accidente.
2. Yo ________ catarro.
3. ¿________ el médico una pastilla?
4. Yo ________ el periódico.
5. La familia ________ una casa en las montañas.
6. La casa ________ sala, comedor y cocina.
7. Yo ________ la carta.
8. ¿________ tú teléfono?

K. Complete the following paragraph with the appropriate form of the cued verbs.

Hoy yo no _______ **estar** bien. _______ **Estar** enfermo(a). Yo _______ **ir** a la consulta del médico. _______ **Hablar** con el médico. _______ **Abrir** la boca. El médico _______ **examinar** la garganta. Yo _______ **tener** catarro.

L. Rewrite the paragraph from Exercise K changing *yo* to *Carmen*.

La expresión **tener que**

A. Repitan.

Juan tiene que preparar la comida.
María tiene que estudiar.
Yo tengo que comer.
Yo tengo que vender la casa.
Tú tienes que vivir en la ciudad.
Tú tienes que ir al hospital.

B. Contesten.

¿Tiene que estudiar María?
¿Tiene que hablar inglés Carmen?
¿Tiene que preparar el bocadillo mamá?
¿Tiene que pasar dos días en cama Eduardo?
¿Tiene que leer el periódico Elena?
¿Tiene que escribir una carta José?
¿Tiene que vivir en Madrid la señora?

¿Tienes que estudiar?
¿Tienes que leer?
¿Tienes que comer?
¿Tienes que abrir la boca?
¿Tienes que ir al médico?
¿Tienes que tomar una pastilla?

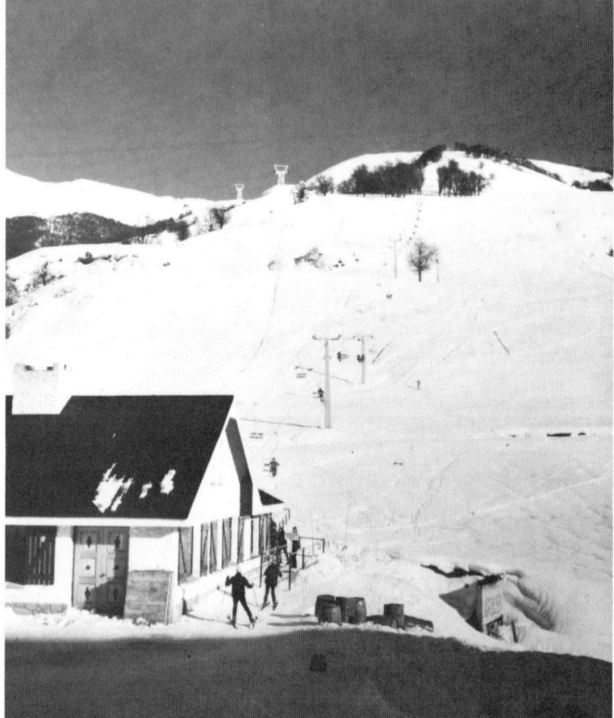

Cerro Catedral, Argentina

Reglas

The expression **tener que** means *to have to*. It is always followed by the infinitive. The infinitive is the form of the verb that ends in **–ar, –er,** or **–ir.** Study the following examples.

Juan tiene que estudiar.
Tengo que pasar dos días en el hospital.
María tiene que leer un libro.
Tengo que comer.
Carlos tiene que vivir en la capital.
Tengo que escribir una carta.

Aplicación escrita

C. Complete each sentence with the appropriate infinitive ending.

1. Yo tengo que viv_____ en Madrid.
2. Marta tiene que estudi_____ español.
3. ¿Tienes que le_____ el periódico?
4. Tengo que habl_____ con el médico.
5. Tengo que abr_____ la boca.
6. Tiene que llam_____ por teléfono.
7. Tengo que vend_____ la casa.
8. Tengo que prepar_____ la comida.
9. ¿Tienes que escrib_____ una carta?
10. Él tiene que com_____ la ensalada.

D. Complete each sentence with the appropriate form of the verb *tener* and any infinitive that makes sense.

1. Yo _______ que _______ español.
2. Carlos _______ que _______ al hospital.
3. María _______ que _______ dos días en cama.
4. ¿_______ tú que _______ el periódico?
5. ¿Quién _______ que _______ un bocadillo?

La contracción **del**

A. Repitan.

La familia del muchacho es cubana.
La consulta del médico está en la ciudad.
El mercado del centro es antiguo.

B. Contesten.

¿Es simpática la profesora del alumno?
¿Está aquí la consulta del médico?
¿Es pequeña la plaza del pueblo?
¿Es bonita la casa del señor López?
¿Es americana la familia del muchacho?
¿Es de paja el techo de la casa?
¿Es antigua la casa de la muchacha?
¿Es cubano el profesor de los alumnos?
¿Es buena la carne de los supermercados?
¿Es pequeña la casa de las muchachas?
¿Está en el comedor la comida de las amigas?

Reglas

When the preposition **de** is followed by the definite article **el,** it is contracted (or shortened) to form one word, **del.** With **la, los,** and **las,** there is no contraction.

la plaza del pueblo
las plazas de los pueblos
delante de la casa
delante de las casas

Aplicación escrita

C. Complete each sentence with the appropriate form of *de*.

1. La amiga _______ muchacho vive en España.
2. El vestido _______ muchacha es bonito.
3. La iglesia _______ pueblo es antigua.
4. El comedor _______ casa es pequeño.
5. Roberto pasa dos días en casa _______ amigas.
6. Voy a la consulta _______ médico.
7. ¿Es _______ mismo pueblo la muchacha?

El invierno en las montañas—España

IMPROVISACIONES

El invierno

PREGUNTAS

1. ¿Qué tiempo hace?
2. ¿Cuándo hace frío?
3. ¿Esquía Juan?
4. ¿Va a las montañas con el amigo?
5. ¿Tiene cuidado Juan?
6. ¿Qué no ve Juan?
7. ¿Quién se cae?

Símbolos

ba	be	bi	bo	bu
bajo	escribe recibe	bien también	bonito bocadillo boca	bueno buena
va	**ve**	**vi**	**vo**	**vu**
va nieva	ve veo vive	vida televisión invierno	voy vivo	

TRABALENGUAS

Bárbara escribe bien.
Víctor va a las montañas en el invierno cuando nieva.
Benito también recibe una televisión bonita.

¡Cuidado!

ESCENAS

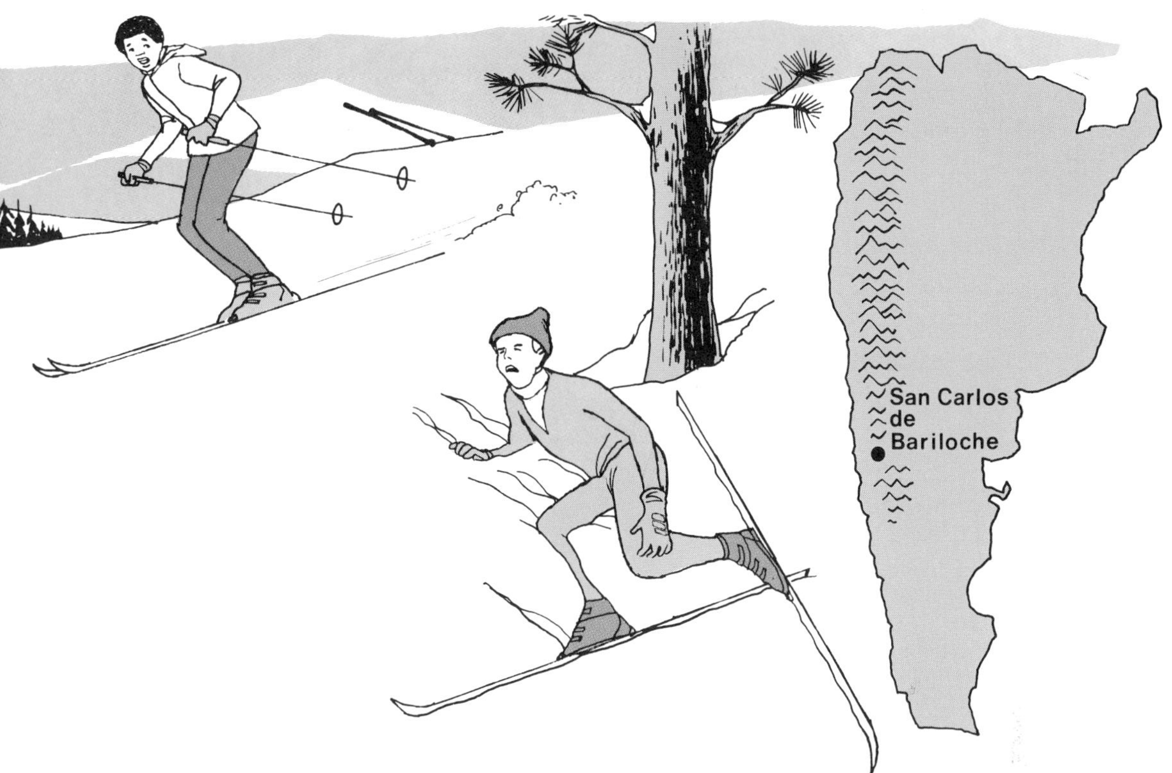

¿Nieva en julio?

Juan es un muchacho americano. Él vive en San Diego, California. Juan tiene un amigo argentino. El amigo argentino es Pablo. Juan escribe mucho a Pablo.

En el mes de julio Juan va a la Argentina. Visita a Pablo. Va con Pablo a San Carlos de Bariloche. Es un pueblo pequeño en las montañas. Está en los Andes entre la Argentina y Chile. ¡Qué sorpresa para Juan! Es el mes de julio y hace mucho frío. Y nieva también. ¿Por qué nieva y hace frío en julio? Pues, el mes de julio es invierno en la Argentina.

mes *month*
Visita *He visits*
entre *among, between*

Un día, Juan esquía con Pablo. Pablo esquía muy bien. Juan esquía un poco, no mucho. Él tiene que aprender. Y tiene que tener cuidado.

poco *a little*
aprender *to learn*

¡Qué experiencia más mala! El pobre Juan tiene un accidente. No ve un árbol. Se cae y se rompe la pierna. Tiene que ir al hospital. Tiene que pasar tres días en el hospital.

mala *bad*
pobre *poor*

Cada día Pablo visita a Juan en el hospital. Cada muchacho es de otra parte del mundo. Pero cuando uno está enfermo, necesita un amigo. Y entre amigos no hay frontera.

Cada *Each*
mundo *world*

PREGUNTAS ¿?

1. ¿Quién es un muchacho americano?
2. ¿Dónde vive?
3. ¿Tiene él un amigo argentino?
4. ¿Quién es?
5. ¿Cuándo va Juan a la Argentina?
6. ¿A quién visita?
7. ¿Adónde va Juan con Pablo?
8. ¿Qué es San Carlos de Bariloche?
9. ¿Dónde está San Carlos de Bariloche?
10. ¿Qué tiempo hace en julio en San Carlos de Bariloche?
11. ¿Qué estación es en julio, verano o invierno?
12. ¿Quién esquía bien?
13. ¿Cómo esquía Juan?
14. ¿Tiene él que aprender?
15. ¿Tiene que tener cuidado?
16. ¿Qué no ve Juan?
17. ¿Se cae?
18. ¿Se rompe la pierna?
19. ¿Adónde tiene que ir?
20. ¿Quién visita a Juan en el hospital?
21. ¿Cuándo visita a Juan?
22. ¿Por qué no hay frontera entre Pablo y Juan?

Composición

Answer the following questions in paragraph form.

¿Tiene Juan un amigo argentino?
¿Cuándo visita Juan a Pablo?
¿Qué estación es en julio en la Argentina?
¿Hace mucho frío y nieva también?
¿Adónde va Juan?
¿Esquía él?
¿Tiene que tener cuidado?
Pero, ¿tiene un accidente Juan?
¿Ve el árbol?
¿Se cae y se rompe la pierna?
¿Adónde tiene que ir?
¿Cuántos días tiene que pasar en el hospital?

Perspectivas

pasatiempo

Fill in the following. All words end in *-a*.

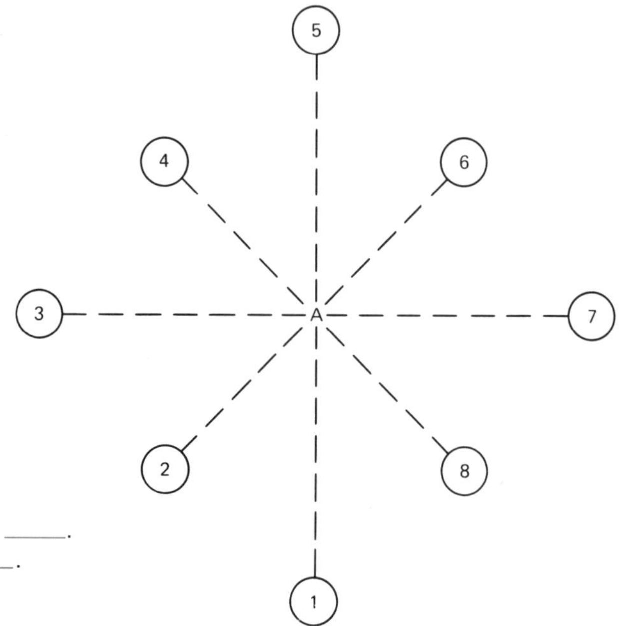

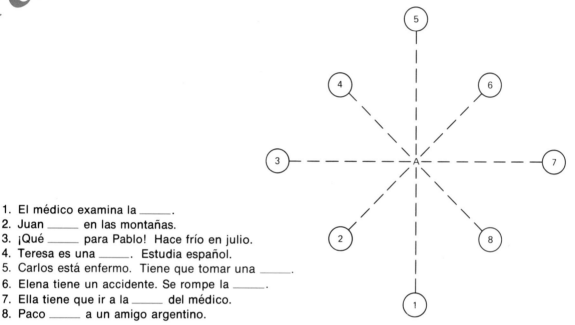

1. El médico examina la ______.
2. Juan ______ en las montañas.
3. ¡Qué ______ para Pablo! Hace frío en julio.
4. Teresa es una ______. Estudia español.
5. Carlos está enfermo. Tiene que tomar una ______.
6. Elena tiene un accidente. Se rompe la ______.
7. Ella tiene que ir a la ______ del médico.
8. Paco ______ a un amigo argentino.

Entrevista

¿Vives en un pueblo o en una ciudad? ¿En qué pueblo o ciudad vives? En ______, ¿hace frío en invierno? ¿Nieva o no? ¿Hay montañas cerca de ______? ¿Vas a las montañas o no? ¿Esquías o no? Cuando esquías, ¿tienes que tener cuidado? Si no tienes cuidado, ¿tienes un accidente?

¿Cómo estás hoy? ¿Tienes catarro? ¿Tienes catarro a veces? Cuando tienes catarro, ¿vas a la consulta del médico? En la consulta, ¿tienes que abrir la boca? ¿Y qué examina el médico? ¿Tienes que tomar una pastilla? ¿Tienes que pasar dos o tres días en cama?

Resumen oral

6

Bases

1. Es el verano.
   Hace calor.
   Hay (hace) sol.
   Hace buen tiempo.
   Los muchachos van a la playa.

2. María y Teresa compran un traje de baño.
   Compran el traje de baño en la tienda.

3. Los muchachos están en la playa.
   Los muchachos toman el sol.
   Ellos tocan la guitarra.
   Cantan.
   Toman una limonada (un refresco).

4. Las muchachas nadan en el mar.

5. Los muchachos están de vacaciones.
   Están en el café.
   Ellos escuchan discos.
   Bailan también.

Los muchachos nadan en el mar

Práctica

A. Answer each question with a complete sentence.

1. ¿Qué estación es?
2. ¿Hace calor en el verano?
3. ¿Qué tiempo hace en el verano?
4. ¿Adónde van los muchachos?
5. ¿Qué compran María y Teresa?
6. ¿Dónde compran el traje de baño?
7. ¿Dónde están los muchachos?
8. ¿Qué toman?
9. ¿Qué tocan?
10. ¿Cantan ellos?
11. ¿Dónde nadan las muchachas?
12. ¿Dónde están los muchachos?
13. ¿Qué escuchan ellos?
14. ¿Bailan también?

B. Form a question according to the model.

María y Teresa compran un traje de baño.
¿Quiénes compran un traje de baño?

1. Hace buen tiempo *en el verano*.
2. *Los muchachos* toman el sol.
3. *Las muchachas* nadan en el mar.
4. Juan y María van *a la playa*.
5. *Juan* toca la guitarra.

C. Complete each sentence with an appropriate word.

1. En el ______ hace calor.
2. Los muchachos ______ en el mar.
3. Elena toca la ______.
4. Las muchachas bailan y ______.
5. María y Teresa compran un ______ porque van a la playa.
6. Vamos a la ______ en el ______ cuando ______ calor.

ESTRUCTURAS

Plural de los verbos en **–ar**

*Tercera persona plural—**ellos, ellas***

A. Repitan.

María y Teresa tocan la guitarra.
Ellas escuchan discos.
Los muchachos cantan.
Ellos bailan también.

B. Contesten.

¿Qué tocan María y Teresa?
¿Escuchan discos las muchachas?
¿Qué escuchan ellas?
¿Tocan la guitarra en la playa?
¿Dónde tocan la guitarra?
¿Nadan los muchachos en el mar?
¿Dónde nadan ellos?
¿Toman ellos el sol?
¿Toman ellos el sol en la playa?
¿Dónde toman ellos el sol?
¿Miran la televisión Carlos y Anita?
¿Estudian español Elena y Eduardo?
¿Hablan por teléfono los muchachos?
¿Hablan ellos español?
¿Hablan ellos con la profesora?
¿Esquían María y Elena?
¿Esquían ellas en las montañas?
¿Esquían ellas en el invierno?
¿Cuándo esquían ellas?

C. Sigan el modelo.

¿Nadan María y Carmen?
Sí, ellas nadan.

¿Tocan la guitarra María y Luisa?
¿Cantan los muchachos?
¿Toman un refresco las muchachas?
¿Hablan por teléfono los muchachos?
¿Escuchan discos las amigas?
¿Miran la televisión los dos amigos?
¿Bailan Carlos y Juana?
¿Esquían Anita y Pablo?

*Primera persona plural—**nosotros, nosotras***

D. Repitan.

Nosotros(as) nadamos en el mar.
Tomamos el sol.
Tocamos la guitarra.
Cantamos.

E. Contesten.

¿Nadan Uds.?
¿Nadan Uds. en el mar?
¿Dónde nadan Uds.?
¿Nadan Uds. en el verano?
¿Cuándo nadan Uds.?
¿Cantan Uds.?
¿Tocan Uds. la guitarra?
¿Toman Uds. el sol?
¿Toman Uds. una limonada?
¿Compran Uds. un traje de baño?
¿Compran Uds. un traje de baño en la tienda?
¿Preparan Uds. un bocadillo?
¿Hablan Uds. español?
¿Esquían Uds.?
¿Escuchan Uds. discos?
¿Miran Uds. la televisión?

*Tercera persona plural—**Uds.***

F. Repitan.

¿Nadan Uds., Juan y Carlos?
¿Nadan Uds., María y Carmen?
¿Hablan Uds. español, señor López y señora González?

G. Sigan el modelo.

Tú nadas bien.
¿Y no nadan Uds. bien?

Tú hablas bien.
Tú cantas bien.
Tú tocas bien.
Tú esquías bien.

H. Sigan las instrucciones.

Pregúnteles a los muchachos si nadan.
Pregúnteles a las muchachas si esquían.
Pregúnteles a los muchachos si escuchan discos.
Pregúnteles a las muchachas si tocan la guitarra.
Pregúnteles a los señores si hablan español.
Pregúnteles a las señoras qué compran en la tienda.

Un grupo de amigos en la playa—Chile

Las muchachas están en un café—España

Reglas

You have already learned the singular endings for regular **–ar,** or first-conjugation verbs. Observe now the plural endings.

	hablar	cantar	estudiar
nosotros(as)	hablamos	cantamos	estudiamos
ellos, ellas, Uds.	hablan	cantan	estudian

What ending is used when you speak about yourself and a friend or friends? What ending is used when you speak about two or more other people? What is the plural form of the pronoun **él**? What is the plural form of the pronoun **ella**?

In Latin America the plural of **tú** is **Uds.** Therefore, you may use **Uds.** when talking to a group of friends or to a group of older people.

In Spain there is a plural form of **tú.** The plural is **vosotros(as).** Although it is not absolutely necessary for you to learn this form of the verb, it is helpful if you can recognize it. Observe the following forms.

vosotros(as)	habláis	cantáis	estudiáis

Now let us look at all forms of a regular **–ar,** or first-conjugation verb.

	hablar
yo	hablo
tú	hablas
él, ella, Ud.	habla
nosotros(as)	hablamos
vosotros(as)	habláis
ellos, ellas, Uds.	hablan

Aplicación escrita

I. Complete each sentence with the appropriate form of the cued verb.

1. Los muchachos _______ en el mar. **nadar**
2. Nosotros _______ la guitarra. **tocar**
3. Juan y Tomás _______ un traje de baño. **comprar**
4. Uds. _______ muy bien. **nadar**
5. Nosotros _______ español. **hablar**
6. ¿En qué escuela _______ Uds.? **estudiar**
7. Nosotros _______ una limonada. **tomar**
8. ¿A quién _______ Uds.? **llamar**
9. Ellas _______ la televisión en la sala. **mirar**
10. Ellos _______ un bocadillo en la cocina. **preparar**
11. Nosotros _______ en el invierno. **esquiar**
12. Tomás y Elena _______ bien. **cantar**
13. Los dos amigos _______ discos. **escuchar**
14. ¿Con quién _______ Anita? **bailar**
15. En el verano ellas _______ el sol en la playa. **tomar**

Los amigos hablan en un café

J. Rewrite each sentence in the plural according to the model.

Él canta bien.
Ellos cantan bien.

1. Ella toca la guitarra.
2. Yo hablo español.
3. Él compra un traje de baño.
4. Tú cantas muy bien.
5. Él nada en el mar.

K. Rewrite each sentence in the singular according to the model.

Nosotros hablamos español.
Yo hablo español.

1. Nosotros tocamos la guitarra.
2. Ellos hablan español.
3. Nadamos en el mar.
4. ¿Esquían Uds. en el invierno?
5. Ellas escuchan discos en la sala.

Plural de los verbos **ir** y **estar**

Tercera persona plural

A. Repitan.

Los muchachos van a la playa.
Los muchachos están en la playa.
María y Elena van al cine.
Ellas están en el cine.

B. Contesten.

¿Van a la playa los muchachos?
¿Adónde van ellos?
¿Están en la playa los muchachos?
¿Dónde están ellos?
¿Van al cine Carmen y María?
¿Adónde van ellas?
¿Están Carmen y María en el cine?
¿Dónde están ellas?
¿Van a la tienda los amigos?
¿Adónde van ellos?
¿Están en la tienda los amigos?
¿Dónde están ellos?
¿Van al mercado José y Anita?
¿Adónde van ellos?
¿Están en el café Eduardo y Adela?
¿Dónde están ellos?

Primera persona plural

C. Repitan.

Nosotros vamos a la playa.
Estamos en la playa.
Vamos al mercado.
Estamos en el mercado.

D. Contesten.

¿Van Uds. a la playa?
¿Adónde van Uds.?
¿Van Uds. a la playa en el verano?
¿Cuándo van Uds. a la playa?
¿Están Uds. en el supermercado?
¿Van Uds. de un pasillo a otro?
¿Están Uds. en la tienda?
¿Van Uds. al cine?
¿Van Uds. a la escuela?
¿Están Uds. en la escuela?

Montañas

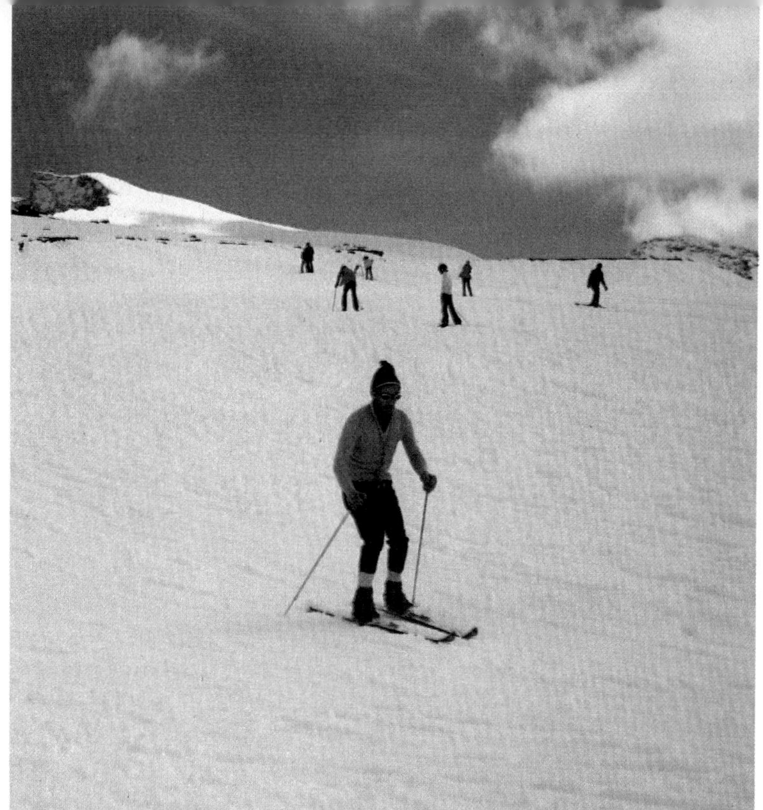

Sierra Nevada, España

Los Andes

Playas

Viña del Mar, Chile

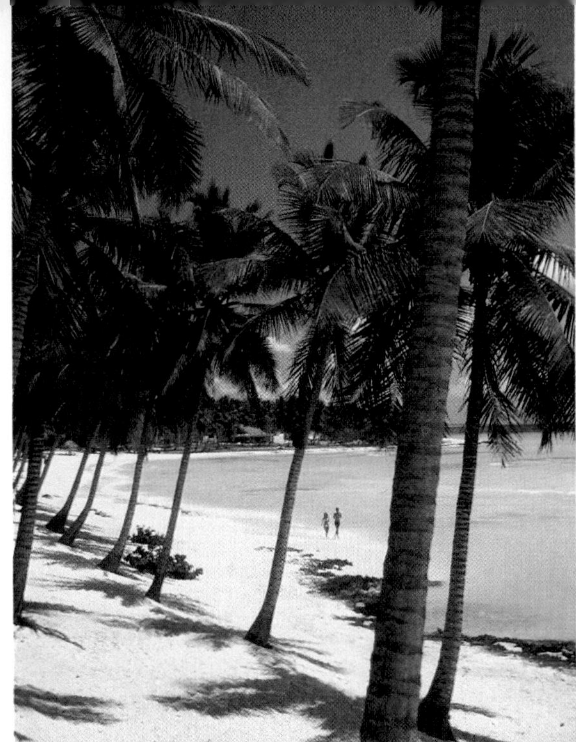

La Romana, República Dominicana

San Juan, Puerto Rico

Isla de Taboga, Panamá

Costa del Sol, Marbella, España

La gente toma el sol, Viña del Mar, Chile

Pasatiempos

Los mariachis, Guadalajara, México

Un domingo en la plaza central, Popayán, Colombia

Bailan en una discoteca, Puerto Rico

Una fiesta con la familia, Cali, Colombia

Tercera persona plural—Uds.

E. Repitan.

¿Van Uds. a la cocina?
¿Están Uds. en la cocina?

F. Sigan las instrucciones.

Pregúnteles a los muchachos si van a la playa.
Pregúnteles a las muchachas si están en la playa.
Pregúnteles a los señores adónde van.
Pregúnteles a las señoras dónde están.

Reglas

You will note that the verbs **ir** and **estar** have the same plural endings as regular **–ar** verbs. Study the following.

	ir	estar
nosotros(as)	vamos	estamos
vosotros(as)	vais	estáis
ellos, ellas, Uds.	van	están

Aplicación escrita

G. Complete each sentence with the appropriate form of the verb *ir* or *estar*.

1. Nosotros _______ a la playa.
2. ¿Dónde _______ Uds.?
3. Las muchachas _______ en el comedor.
4. Carlos y María _______ al cine.
5. Nosotros _______ en la escuela.
6. Nosotros _______ al supermercado.
7. Carmen y Elena _______ a las montañas.
8. Ellos _______ en el hospital.

H. Answer each question with a complete sentence.

1. ¿Vas a la playa?
2. ¿Van Uds. a la playa?
3. ¿Estás en la cocina?
4. ¿Están Uds. en la cocina?
5. ¿Tomas el sol cuando vas a la playa?
6. ¿Toman Uds. el sol cuando van a la playa?
7. ¿Nadas cuando estás en la playa?
8. ¿Nadan Uds. cuando están en la playa?
9. ¿Bailas cuando vas al café?
10. ¿Bailan Uds. cuando van al café?

IMPROVISACIONES

¡A la playa!

Inés	¡Qué calor! ¿Por qué no vamos a la playa?
Carmen	Buena idea. ¿Nadan Uds. mucho?
Inés	Sí, a veces nadamos.
Carmen	Nosotras también. Si no, tomamos el sol.
Inés	Aquí está Juanita. Y tiene guitarra.
Carmen	Juanita, vamos a la playa.

PREGUNTAS ¿?

1. ¿Qué tiempo hace?
2. ¿Adónde van las muchachas?
3. ¿Nadan ellas?
4. Si no nadan, ¿qué toman en la playa?
5. ¿Qué tiene Juanita?
6. ¿Va ella a la playa también?

Símbolos

sa	se	si	so	su
sala casa mesa	señor señora	sí iglesia televisión	(peso) fabuloso	supermercado
za	**ce**	**ci**	**zo**	**zu**
plaza González	necesita centro	cocina accidente ciudad	(zona)	(zumo)

TRABALENGUAS

La casa del señor González está en la plaza en el centro.
El señor tiene un accidente en la cocina.
La televisión está en la mesa en la sala.
La señora tiene la televisión en el centro de la sala.

¡Qué verano más fabuloso!

ESCENAS

Un verano en Viña

María Teresa pasa el mes de enero en la playa. En enero hace mucho calor en la ciudad. ¿Hace calor en enero? Sí, porque María Teresa vive en Santiago de Chile. Y en Chile es verano cuando es invierno en la América del Norte.

pasa *spends*

Un día María Teresa está en la playa de Viña del Mar. La playa de Viña es muy bonita. No está muy lejos de Santiago. Está en la costa del océano Pacífico. María Teresa está en la playa con un grupo de amigos. Ellos estudian en el mismo colegio en Santiago. Pero en enero están de vacaciones.

muy lejos *very far*

Pasan cada tarde en la playa. Nadan en el océano Pacífico. Y luego toman el sol. A veces tocan la guitarra y cantan.

tarde *afternoon*

Después de tres o cuatro horas en la playa van a un café. En el café hablan y toman una limonada. Escuchan discos y bailan también.

Ellos pasan un verano fabuloso en Viña del Mar.

PREGUNTAS

1. ¿Dónde pasa María Teresa el mes de enero?
2. ¿Qué tiempo hace en la ciudad?
3. ¿Dónde vive María Teresa?
4. ¿En qué playa está María Teresa?
5. ¿Cómo es la playa?
6. ¿Con quién está ella?
7. ¿Dónde estudian ellos?
8. ¿Estudian ellos ahora?
9. ¿Dónde nadan ellos?
10. ¿Toman el sol?
11. ¿Qué tocan a veces?
12. ¿Cantan?
13. ¿Cuántas horas pasan en la playa?
14. Luego, ¿adónde van?
15. ¿Qué toman en el café?
16. ¿Qué escuchan?
17. ¿Bailan también?

Answer the following questions in paragraph form.

En Chile, ¿qué estación es en enero?
¿Están de vacaciones los muchachos?
¿Adónde van los amigos cuando hace calor?
¿Dónde nadan?
¿Qué toman en la playa?
¿Tocan la guitarra y cantan?
Después, ¿adónde van todos?
¿Qué escuchan en el café?
¿Bailan también?
¿Pasan un verano fabuloso en la playa?

Perspectivas

pasatiempo

Rearrange the letters below to form words. Then rearrange the circled letters to reveal the name of a Spanish-speaking city.

1. O E V A R N — ◯ — — — ◯
2. R M A — ◯ —
3. F O E P O R S R — — — — ◯ ◯ — —
4. N A I T U O G — ◯ — — — — —
5. U T G R R A I A ◯ — ◯ — — — — —
6. P E O M I T — ◯ — — — —
7. Y L A A P — ◯ ◯ — —
8. T C A A O R R — — ◯ — — — —
9. C H A S E C U N — — — — ◯◯ — —
10. C O S I D ◯ — — — —

— — — — — — — — — — — — — — —

Entrevista

¿Tienes muchos amigos en la escuela? ¿En qué escuela estudian Uds.? ¿Estudian Uds. inglés? ¿Español? ¿Matemáticas? ¿Ciencias? ¿Historia? Después de las clases, ¿van Uds. a un café o van a casa? ¿Toman Uds. un refresco? ¿Qué toman? ¿Escuchan Uds. discos? ¿Qué discos escuchan Uds.? ¿Bailan también?

¿Están Uds. de vacaciones en enero? ¿Están Uds. de vacaciones en julio? En el verano, ¿van Uds. a la playa o no? ¿Están Uds. cerca o lejos de la costa? ¿Nadan Uds. mucho? ¿Toman Uds. el sol? ¿Tocan Uds. la guitarra? ¿Cantan y bailan también?

Resumen oral

7

1. Elena y Tomás son hermanos.
   Son gemelos.
   Es el 28 de marzo.
   Hoy es el cumpleaños de Elena y Tomás.
   Elena tiene quince años.
   Tomás tiene quince años también.
   Hay una fiesta.
   Llegan los parientes.
   Hay muchos regalos en la mesa.

2. Elena tiene una blusa negra.
   Tomás tiene una camisa blanca.

3. Elena tiene sueño.
   Ella abre la ventana.
   Ve la calle.

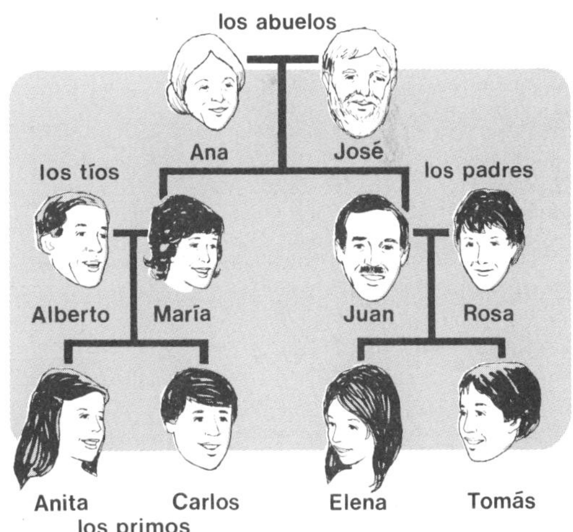

4. Son los abuelos de Elena y Tomás.
   Son los padres.
   Son los tíos.
   Son los primos.
   Los primos son los hijos de los tíos.

Práctica

A. Answer each question with a complete sentence.

1. ¿Son hermanos Elena y Tomás?
2. ¿Es Elena la hermana de Tomás?
3. ¿Es Tomás el hermano de Elena?
4. ¿Es hoy el cumpleaños de Elena y Tomás?
5. ¿Cuántos años tiene Elena? ¿Y Tomás?
6. ¿Son gemelos?
7. ¿Quiénes llegan?
8. ¿Qué hay en la mesa?
9. ¿Son para Elena y Tomás los regalos?
10. ¿Qué tiene Elena?
11. ¿De qué color es la blusa de Elena?
12. ¿Qué tiene Tomás?
13. ¿De qué color es la camisa de Tomás?
14. ¿Quién tiene sueño?
15. ¿Qué abre Elena?
16. ¿Qué ve?

B. According to the family tree, tell how each person is related to *Elena* and *Tomás*.
Example: *Ana es la abuela de Elena y Tomás.*

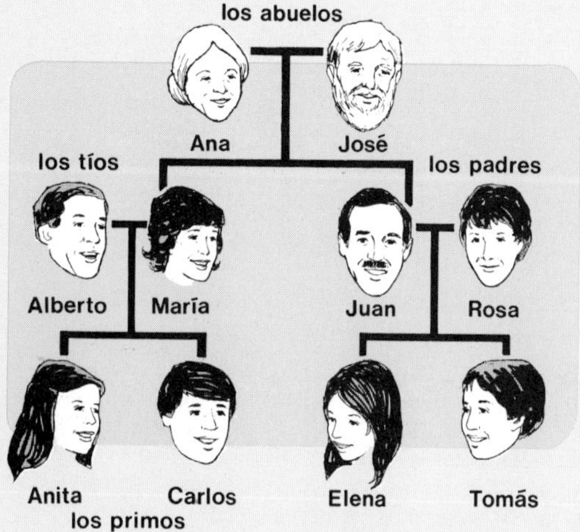

Las muchachas son gemelas

ESTRUCTURAS

Plural del verbo **ser**

Tercera persona plural

A. Repitan.

Juan y Carlos son muchachos.
María y Teresa son muchachas.

B. Contesten.

¿Son muchachos Juan y Carlos?
¿Qué son ellos?
¿Son muchachas María y Teresa?
¿Qué son ellas?
¿Son cubanos Carlos y Tomás?
¿Son americanas Bárbara y Dona?
¿Son altos los muchachos?
¿Son altas las muchachas?
¿Son bonitos los regalos?
¿Son bonitas las playas?

Primera persona plural

C. Repitan.

(Nosotros) somos americanos.
No somos mexicanos.

D. Contesten.

¿Son Uds. americanos?
¿Son Uds. cubanos?
¿Son Uds. mexicanos?
¿Son Uds. guapos?
¿Son Uds. altos?
¿Son Uds. muchachas?
¿Son Uds. americanas?
¿Son Uds. cubanas?
¿Son Uds. bonitas?
¿Son Uds. altas?

Tercera persona plural—Uds.

E. Repitan.

Carlos y Tomás, ¿son Uds. mexicanos?
Señorita López y señorita Gómez, ¿son Uds. cubanas?

F. Sigan el modelo.

Soy de México.
¿De dónde son Uds.?

Soy de España.
Soy de Chicago.
Soy de Puerto Rico.
Soy de México.
Soy de Guatemala.

El señor toca la guitarra

Reglas

You have already learned the singular forms of the verb **ser.**

yo	soy
tú	eres
él, ella, Ud.	es

The plural forms of the verb **ser** are:

nosotros	somos
(vosotros)	(sois)
ellos, ellas, Uds.	son

Note that the form **sois** is used only in Spain.

Aplicación escrita

G. Complete each sentence with the appropriate form of the verb *ser*.

1. Juan y Carlos _______ cubanos.
2. Las muchachas _______ mexicanas.
3. Nosotros _______ mexicanos.
4. Los regalos _______ bonitos.
5. Nosotras no _______ mexicanas.
6. ¿_______ antiguas las casas?
7. María y yo _______ altas.

H. Rewrite each sentence in the plural.

1. Soy guapo.
2. Él es cubano.
3. Soy gemelo.
4. La plaza es antigua.
5. Soy americana.

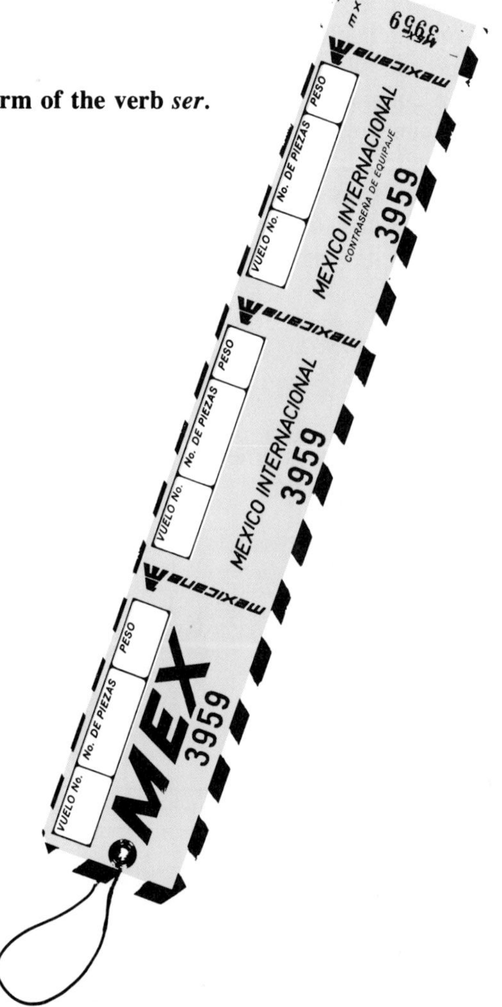

Concordancia del plural del artículo y del adjetivo

A. Repitan.

Los muchachos son altos.
Los libros son buenos.
Las blusas son negras.
Las montañas son altas.

B. Contesten.

¿Son altos los muchachos?
¿Son buenos los libros?
¿Son gemelos los hermanos?
¿Son modernos los supermercados?
¿Son negros los teléfonos?
¿Son pequeños los pueblos?

¿Son altas las muchachas?
¿Son altas las montañas?
¿Son bonitas las playas?
¿Son blancas las camisas?
¿Son negras las blusas?
¿Son modernas las tiendas?
¿Son antiguas las plazas?

¿Son buenos los periódicos?
¿Son buenas las pastillas?
¿Son modernos los supermercados?
¿Son modernas las escuelas?
¿Son bonitos los regalos?
¿Son bonitas las playas?

¿Cómo son los muchachos?
¿Cómo son las muchachas?
¿Cómo son los libros?
¿Cómo son las montañas?
¿Cómo son los pueblos?
¿Cómo son las casas?

Reglas

You have already learned that an adjective must agree with the noun it describes, or modifies. If the noun is plural, the adjective must also be plural. The definite article **el** changes to **los** in the plural. **La** changes to **las.**

el libro   los libros
la carta   las cartas

Adjectives that end in **o** or **a** in the singular add an **s** in the plural just as the nouns do.

Los regalos bonitos están en la mesa.
Las casas pequeñas están en el pueblo.

Note that most adjectives follow the noun in Spanish.

Aplicación escrita

C. Complete each sentence with the appropriate definite article and adjective ending.

1. ______ playas son bonit____.
2. ______ libros son buen____.
3. ______ montañas son alt____.
4. ______ muchachos son alt____.
5. ______ muchachos son guap____.
6. ______ tiendas son modern____.
7. ______ mercados son antigu____.
8. ______ muchachas son mexican____.

D. Rewrite each sentence in the plural according to the model.

La playa es bonita.
Las playas son bonitas.

1. La plaza es antigua.
2. La iglesia es bonita.
3. El supermercado es moderno.
4. La montaña es alta.
5. El pueblo es pequeño.

E. Rewrite each sentence in the singular according to the model.

Las playas son bonitas.
La playa es bonita.

1. Los mercados son antiguos.
2. Las blusas son negras.
3. Los periódicos son buenos.
4. Las pastillas son pequeñas.
5. Los supermercados son modernos.

La expresión impersonal **hay**

A. Repitan.

Hay una carta en la mesa.
Hay muchos regalos en la mesa.

B. Contesten.

¿Hay un libro en la mesa?
¿Hay muchos libros en la mesa?
¿Hay una iglesia en la plaza?
¿Hay muchas iglesias en el pueblo?
¿Hay una camisa blanca en la mesa?
¿Hay muchas camisas blancas en la mesa?
¿Hay pan en la cocina?
¿Hay una televisión en la sala?
¿Hay una lechería en el mercado?
¿Hay una caja en el supermercado?
¿Hay muchos puestos en el mercado?
¿Hay muchos pasillos en el supermercado?

La familia toca y canta

Una reunión con la familia en México

Reglas

The impersonal expression **hay** means *there is* or *there are*.

Hay un libro en la mesa.
Hay muchos libros en la mesa.

Aplicación escrita

C. Write a sentence for each illustration. Use *hay*.
Example: 1. *Hay muchas camisas en la mesa.*

1. 

2. 

3. 

4. 

5.

IMPROVISACIONES

¿Regalos para quiénes?

Carlos ¿Para quién son los regalos?
Anita ¿Para quién? No. ¿Para quiénes? Mañana es el cumpleaños de Elena y Tomás.
Carlos ¿De Elena y Tomás? ¿Son gemelos?
Anita Sí que son gemelos.
Carlos Pues, ¿por qué no arreglamos una serenata?
Anita ¡Una serenata! ¡Qué idea más buena!

PREGUNTAS ¿?

1. ¿Para quiénes son los regalos?
2. ¿Quién tiene los regalos?
3. ¿Cuándo es el cumpleaños de Elena y Tomás?
4. ¿Son hermanos Elena y Tomás?
5. ¿Son gemelos?
6. ¿Arreglan los amigos una serenata?

Símbolos

ca	que	qui	co	cu
casa	¿qué?	aquí	cocina	cubano
camisa	pequeño	¿quién?	comida	cubana
café	(parque)	esquía	comedor	cumpleaños
catarro	(queso)		come	cultiva
calor			médico	
América			periódico	
blanca				

TRABALENGUAS

El cubano come mucho queso aquí en el parque.
El periódico está aquí en la cocina pequeña de la casa blanca.
¿Quién esquía en el parque pequeño?

Es el cumpleaños de los hermanos

ESCENAS

El cumpleaños de los gemelos

Hoy es el cumpleaños de Elena y Tomás. Elena tiene quince años y Tomás tiene quince años también. Ellos son gemelos. Son de Guanajuato, un pueblo pequeño al norte de la ciudad de México.

Son las seis de la mañana. Hay un ruido en la calle. Elena tiene sueño pero abre la ventana. En la calle ve a un grupo de amigos. Llama a Tomás. Los amigos tocan la guitarra y cantan. Es una serenata en honor del cumpleaños de Elena y Tomás. Todos cantan «Las mañanitas». Tomás tiene suerte. Generalmente los amigos arreglan serenatas solamente para las muchachas. Pero como Tomás tiene una gemela, la serenata es también para él.

Por la tarde hay una fiesta. Llegan los primos, los tíos, los abuelos y los amigos. Y claro llegan también los padrinos. Elena recibe muchos regalos y Tomás también. Hay discos, libros, camisas para Tomás y blusas para Elena.

norte *north*
ruido *noise*
tiene suerte *is lucky*
Generalmente *Generally*
solamente *only*
como *since, as*
padrinos *godparents*

Durante la fiesta todos hablan, cantan, escuchan discos y bailan. Toman muchos refrescos y luego todo el mundo come una comida deliciosa. Es una típica fiesta hispánica. Todos los amigos y parientes pasan una tarde fabulosa en honor del cumpleaños de los gemelos.

todo el mundo *everyone*

PREGUNTAS

1. ¿Cuándo es el cumpleaños de Elena y Tomás?
2. ¿Cuántos años tiene Elena? ¿Y Tomás?
3. ¿Son gemelos ellos?
4. ¿De dónde son?
5. ¿Dónde está Guanajuato?
6. ¿Cuándo hay un ruido en la calle?
7. ¿Tiene sueño Elena?
8. ¿Qué abre?
9. ¿Qué ve en la calle?
10. ¿A quién llama ella?
11. ¿Tocan la guitarra y cantan los amigos?
12. ¿Tiene suerte Tomás?
13. Generalmente, ¿para quiénes son las serenatas?
14. Por la tarde, ¿quiénes llegan a la fiesta?
15. ¿Qué hay como regalos?
16. Durante la fiesta, ¿hablan los amigos? ¿Cantan? ¿Escuchan discos? ¿Bailan?
17. ¿Qué toman?
18. ¿Qué come todo el mundo?

Composición

Rewrite the following paragraphs using the appropriate form of the cued verbs.

Hoy _______ ser el cumpleaños de Elena y Tomás. Ellos _______ ser de México. _______ Ser mexicanos y _______ ser gemelos también. Cuando Elena _______ abrir la ventana por la mañana, ella _______ ver a un grupo de amigos. Los amigos _______ tocar la guitarra y _______ cantar. _______ Cantar «Las mañanitas». _______ Ser una serenata para los gemelos.

Por la tarde hay una fiesta. Elena _______ recibir muchos regalos y Tomás también. Todos los amigos y parientes _______ hablar, _______ cantar y _______ bailar. _______ Ser una típica fiesta hispánica. Todo el mundo _______ comer una comida deliciosa. Ellos _______ pasar una tarde fabulosa en honor del cumpleaños de los gemelos.

Perspectivas

crucigrama

Complete the following crossword puzzle.

1	2			■	3		4	5
6		■	■	7		■	8	
9			10	■		■	■	
11		■		■	12	13		■
■	■	■	14				■	15
16	17	18		■	■		■	
	■	19		■	20			
21			■	22			■	
	■		■	23		■	24	

Horizontal

1. El señor paga en la ____.
3. ____. ¿Con quién hablo?
6. Necesito papas. Voy ____ mercado.
7. Carlos ____ al cine.
8. Mamá va ____ pueblo.
9. Elena lee el periódico en la ____.
11. Las cas__ son de piedra.
12. María ____ un libro de español.
14. No son los padres; son los ____ de Elena.
16. Tengo que pasar dos días en ____.
19. La señora ____ americana.
20. Enrique ____ ensalada, no carne.
21. ¡Qué comida ____ rica!
22. Yo ____ cubana.
23. Veo la película ____ el cine.
24. Tomás siempre ____ a la playa.

Vertical

1. Voy a ____. Tengo que comer.
2. ¡____ ____ montañas!
3. Yo ____ inglés y español.
4. ¿Dónde está ____ muchacha?
5. ¿Quién va____ ____consulta del médico?
10. Ellas son ____; no son bajas.
13. Yo ____ bien hoy; no estoy enfermo.
15. ¡Es una ____idea!
16. Yo ____torta, no papas.
18. La ____ está en el comedor.
20. Voy ____Tomás, no Enrique.
22. Ella ____ cae en las montañas.

Entrevista

¿Vas a veces a una fiesta en honor del cumpleaños de un amigo o una amiga? ¿Es a veces una sorpresa la fiesta? ¿Recibe regalos el amigo o la amiga? ¿Qué regalos recibe? ¿Bailan Uds. durante la fiesta? ¿Cantan? ¿Escuchan discos? ¿Toman refrescos? ¿Hay una torta para la fiesta? Durante la fiesta, ¿hay una serenata? ¿Hay serenatas en México? ¿Son por la mañana o por la tarde las serenatas? ¿A qué hora es la serenata para Elena y Tomás? Generalmente, ¿para quiénes son las serenatas? Durante la serenata, ¿dónde cantan los amigos?

Resumen oral

8

Bases

1. Juan y su hermana reciben una carta.
   Abren la carta.
   Leen la carta.
   La carta es del Perú.
   El Perú es un país.

2. Juan está en la estación de ferrocarril.
   Él y su hermana están en la sala de espera.
   Tienen maletas.
   María está en la ventanilla.
   Compra dos boletos de ida y vuelta.
   El empleado vende los boletos.

3. Elena y Carlos esperan el tren en el andén.
   El tren llega.
   El tren no sale.
   El viaje es largo, no corto.

4. No llueve.
   Hay neblina.
   La neblina cubre la ciudad.

Práctica

A. Answer each question with a complete sentence.

1. ¿Qué reciben Juan y su hermana?
2. ¿Abren la carta?
3. ¿Leen la carta?
4. ¿De dónde es la carta?
5. ¿Qué es el Perú?
6. ¿Dónde están Juan y su hermana?
7. ¿Está la sala de espera en la estación de ferrocarril?
8. ¿Tienen maletas?
9. ¿Qué compra María en la ventanilla?
10. ¿Quién vende los boletos?
11. ¿Dónde esperan el tren?
12. ¿Llega o sale el tren?
13. ¿Es largo o corto el viaje?
14. ¿Llueve?
15. ¿Hay neblina?
16. ¿Qué cubre la ciudad?

B. Answer each question based on the model sentence.

1. María compra dos boletos de ida y vuelta en la ventanilla en la sala de espera de la estación de ferrocarril.
   ¿Quién compra los boletos?
   ¿Cuántos boletos compra?
   ¿Qué tipo de boletos son?
   ¿Dónde compra ella los boletos?
   ¿Dónde está la ventanilla?
   ¿Dónde está la sala de espera?
2. Juan y María reciben una carta de un amigo que vive en el Perú, un país de la América del Sur.
   ¿Quiénes reciben una carta?
   ¿Qué reciben Juan y María?
   ¿Dónde vive el amigo?
   ¿Qué es el Perú?
   ¿Dónde está el Perú?

C. Complete each sentence with an appropriate word.

1. El Perú es un ______.
2. Juan y su hermana reciben una ______.
3. María compra dos ______.
4. El ______ vende los boletos en la ______.
5. Los dos hermanos esperan el tren en el ______.
6. El tren ______ a la estación de ferrocarril. No ______.
7. No llueve, pero una ______ cubre la ciudad.
8. El viaje al Perú es ______, no corto.

D. Correct each false statement.

1. Ellos leen la carta y luego abren la carta.
2. Ellos esperan el tren en la ventanilla.
3. La sala de espera está en la plaza.
4. El empleado vende los boletos en el andén.
5. Santiago de Chile es un país.

ESTRUCTURAS

Plural de los verbos en **–er** e **–ir**

Tercera persona plural

A. Repitan.

Los empleados venden los boletos.
Los muchachos comen mucho.
Las señoras leen el periódico.

B. Contesten.

¿Venden los boletos los empleados?
¿Leen el periódico Juan y Carlos?
¿Comen ensalada los muchachos?
¿Ven la película Carmen y Pepita?
¿Leen la carta Juana y su hermano?
¿Aprenden español las alumnas?

C. Repitan.

Juan y su hermana reciben la carta.
Ellos abren la carta.

D. Contesten.

¿Reciben una carta Teresa y su hermano?
¿Reciben muchos regalos los amigos?
¿Abren los alumnos la ventana?
¿Abren las amigas los regalos?
¿Viven en el Perú Juan y Carlos?
¿Viven en Guanajuato Elena y Tomás?
¿Escriben una carta los muchachos?
¿Escriben mucho?

Cuzco, Perú

Primera persona plural

E. Repitan.

Vendemos periódicos.
Comemos mucho.
Leemos un libro.

F. Contesten.

¿Venden Uds. periódicos?
¿Venden Uds. boletos?
¿Leen Uds. el periódico?
¿Leen Uds. muchos libros?
¿Comen Uds. un bocadillo?
¿Comen Uds. papas?
¿Comen Uds. ensalada?
¿Aprenden Uds. español?
¿Aprenden Uds. español en la escuela?
¿Ven Uds. la película?
¿Ven Uds. los regalos?
¿Ven Uds. las maletas?

G. Repitan.

Recibimos una carta.
Vivimos en ______.
Escribimos mucho.

H. Contesten.

¿Reciben Uds. una carta?
¿Reciben Uds. el periódico?
¿Viven Uds. en una casa moderna?
¿Viven Uds. en una casa pequeña?
¿Viven Uds. en un pueblo o en una ciudad?
¿Escriben Uds. una carta?
¿Escriben Uds. mucho?
¿Abren Uds. las maletas?
¿Abren Uds. la ventana?
¿Abren Uds. la boca?

Tercera persona plural—Uds.

I. Repitan.

¿Venden Uds. periódicos?
¿Comen Uds. mucho?

J. Sigan el modelo.

Vendo periódicos.
Y Uds. también venden periódicos.

Como mucho.
Leo el periódico.
Vendo los boletos.
Como en el comedor.
Leo el libro.

K. Repitan.

¿Reciben Uds. muchas cartas?
¿Qué escriben Uds.?

L. Sigan el modelo.

Recibimos muchas cartas.
¿No reciben Uds. muchas cartas?

Vivimos en la capital.
Recibimos muchos regalos.
Escribimos mucho.
Vivimos en una casa moderna.

En una escuela rural para muchachas—Perú

Una familia peruana—Lima

Reglas

You have already learned that the singular forms of regular **–er** and **–ir** verbs are the same. In the plural, the **nosotros** forms are different. The **–er** verbs have the ending **–emos,** and the **–ir** verbs have the ending **–imos.** Study the following.

	comer	leer	escribir	vivir
nosotros	comemos	leemos	escribimos	vivimos
ellos, ellas, Uds.	comen	leen	escriben	viven

The **vosotros** form of the verb is used in Spain.

vosotros	coméis	leéis	escribís	vivís

Now let us look at all forms of a regular **–er** and **–ir** verb.

	comer	vivir
yo	como	vivo
tú	comes	vives
él, ella, Ud.	come	vive
nosotros	comemos	vivimos
(vosotros)	(coméis)	(vivís)
ellos, ellas, Uds.	comen	viven

Aplicación escrita

M. Complete each sentence with the appropriate verb ending.

1. Los empleados vend____ los boletos.
2. Nosotros le____ la carta.
3. Uds. com____ mucho.
4. Nosotros v____ las maletas.
5. Juan y su hermana recib____ una carta.

N. Rewrite each sentence in the plural.

1. Vendo periódicos.
2. Él lee un libro.
3. ¿Ve Ud. la película?
4. El muchacho come mucho.
5. Leo el periódico.

O. Complete each sentence with the appropriate verb ending.

1. Nosotros recib____ muchas cartas.
2. Ellos escrib____ a Carlos.
3. ¿Dónde viv____ Uds.?
4. Nosotros abr____ la ventana.
5. Juan y María recib____ una carta.

P. Rewrite each sentence in the plural.

1. Leo el libro.
2. Vendo periódicos.
3. Escribo muchas cartas.
4. Como ensalada.
5. Abro los regalos.

Q. Complete each sentence with the appropriate form of the cued verb.

1. Ellos ____ una película en el cine. ver
2. Nosotros ____ muchas cartas. recibir
3. Sus amigos ____ en México. vivir
4. Nosotros ____ a las seis. comer

5. ¿Qué ______ Uds.? leer
6. Los señores ______ vegetales en el mercado. vender
7. Nosotros ______ el tren. ver
8. ¿Quiénes ______ la carta? escribir
9. Nosotros ______ la boca. abrir
10. Los alumnos ______ español. aprender

Plural del verbo **tener**

Tercera persona

A. Repitan.

María y Elena tienen el traje de baño.
Los muchachos tienen la guitarra.
Ellos tienen catarro.

B. Contesten.

¿Tienen teléfono Carlos y María?
¿Tienen un accidente los dos muchachos?
¿Tienen el periódico las muchachas?
¿Tienen pastillas los médicos?
¿Tienen los boletos Juan y Enrique?
¿Tienen las maletas María y Teresa?

Primera persona plural

C. Repitan.

Nosotros tenemos la guitarra.
Tenemos el traje de baño.

D. Contesten.

¿Tienen Uds. la guitarra?
¿Tienen Uds. la carta?
¿Tienen Uds. los boletos?
¿Tienen Uds. las maletas?
¿Tienen Uds. suerte?
¿Tienen Uds. sueño?
¿Tienen Uds. cuidado?

Tercera persona plural—Uds.

E. Repitan.

Juan y María, ¿tienen Uds. los boletos?
Señor Gómez y señora López, ¿tienen Uds. el periódico?

F. Sigan las instrucciones.

Pregúnteles a los muchachos si tienen la guitarra.
Pregúnteles a las muchachas si tienen los boletos.
Pregúnteles al señor Flores y al señor López si tienen el periódico.
Pregúnteles a la señorita Gómez y a la señorita Martínez si tienen los libros.

Los alumnos van a la escuela, Cochas Chica, Perú

Reglas

You have already learned the singular forms of the irregular verb **tener.** Study the following plural forms.

	tener
nosotros	tenemos
(vosotros)	(tenéis)
ellos, ellas, Uds.	tienen

Review all forms of this irregular verb.

	tener
yo	tengo
tú	tienes
él, ella, Ud.	tiene
nosotros	tenemos
(vosotros)	(tenéis)
ellos, ellas, Uds.	tienen

Los adjetivos posesivos

Su, sus

A. Repitan.

Juan tiene su libro.
Juan tiene sus libros.
María tiene su maleta.
María tiene sus maletas.

B. Contesten.

¿Tiene Juan su camisa?
¿Tiene Juan sus camisas?
¿Lee papá su periódico?
¿Lee papá sus periódicos?
¿Escucha María su disco?
¿Escucha María sus discos?
¿Reciben una carta Juan y su hermana?
¿Preparan la fiesta Elena y su amigo?
¿Van a España Carlos y su familia?
¿Van a México Teresa y sus hermanos?

C. Repitan.

Juan y Enrique tienen su libro.
Juan y Enrique tienen sus libros.
María y Elena tienen su maleta.
María y Elena tienen sus maletas.

D. Contesten.

¿Leen su periódico Juan y Carlos?
¿Leen sus periódicos Juan y Carlos?
¿Hablan a su amigo María y Catalina?
¿Hablan a sus amigos María y Catalina?
¿Tienen su boleto Teresa y Juan?
¿Tienen sus boletos Teresa y Juan?
¿Ven a su abuelo los gemelos?
¿Ven a sus abuelos los gemelos?
¿Visitan a su primo Carlos y Anita?
¿Visitan a sus primos Carlos y Anita?

Reglas

A possessive adjective is an adjective that shows or denotes ownership. The possessive adjective **su** can mean *his, her,* or *their.* It can also mean *your* when used with **Ud.** or **Uds.** Note that in the plural the adjective **su** becomes **sus.**

su hermano	sus hermanos
su hermana	sus hermanas

Mi, mis / tu, tus

E. Repitan.

Mi hermano está en casa.
Mis hermanos están en casa.
No veo a mi amiga.
No veo a mis amigas.

F. Contesten.

¿Está en casa tu hermano?
¿Están en casa tus hermanos?
¿Prepara la comida tu madre?
¿Prepara la comida tu padre?
¿Esquía tu amigo?
¿Esquían tus amigos?
¿Vas al cine con tu primo?
¿Vas al cine con tus primos?
¿Es hoy el cumpleaños de tu primo?
¿Es hoy el cumpleaños de tus primos?
¿Tienes tu maleta?
¿Tienes tus maletas?
¿Tienes tu boleto?
¿Tienes tus boletos?

G. Repitan.

¿Tienes tu maleta?
¿Tienes tus maletas?
Tu periódico, ¿dónde está?
Tus periódicos, ¿dónde están?

H. Sigan los modelos.

¿El periódico?
¿Dónde está tu periódico?

¿Los periódicos?
¿Dónde están tus periódicos?

¿La maleta?
¿Las maletas?
¿El amigo?
¿Los amigos?
¿La guitarra?
¿Las guitarras?
¿El boleto?
¿Los boletos?

Reglas

Note that the possessive adjectives **mi** and **tu** also have only two forms:

mi	tu
mis	tus

¿Tienes tu libro? Sí, tengo mi libro.
¿Tienes tus libros? Sí, tengo mis libros.
¿Tienes tu maleta? Sí, tengo mi maleta.
¿Tienes tus maletas? Sí, tengo mis maletas.

Su / nuestro

I. Repitan.

¿Leen Uds. su libro?
Sí, leemos nuestro libro.
¿Venden Uds. su casa?
Sí, vendemos nuestra casa.
¿Viven en el Perú sus amigos?
Sí, nuestros amigos viven en el Perú.
¿Hablan español sus amigas?
Sí, nuestras amigas hablan español.

J. Contesten.

¿Estudia su amigo?
¿Mira la televisión su hermano?
¿Prepara una serenata su prima?
¿Va a la fiesta su hermana?
¿Es moderna su casa?
¿Estudian español sus primos?
¿Miran la televisión sus hermanos?
¿Viven en el Perú sus amigos?
¿Esquían mucho sus hermanas?

Reglas

The possessive adjective **su** can also mean *your* when addressing two friends or two adults. Note that the adjective **nuestro** (*our*) has four forms.

nuestro amigo	nuestros amigos
nuestra amiga	nuestras amigas

Aplicación escrita

K. Complete each sentence with the appropriate form of the cued possessive adjective.

1. Juan y _______ familia van a México. su
2. ¿Dónde están _______ maletas? mi
3. ¿Hablas con _______ amigos? tu
4. _______ amigas están en el Perú. Nuestro
5. Carlos y Tomás compran _______ boletos. su
6. Carlos es _______ primo. nuestro
7. ¿Ves a _______ hermana? tu
8. _______ libros están en la mesa. Mi

L. Form a question according to the model.

Mi primo es Carlos.
¿Quién es tu primo?

1. Mi padre está *en España*.
2. *María* tiene mis maletas.
3. Nuestros boletos están *en la maleta*.
4. Nuestra casa es *moderna*.
5. Mis primos viven *en la capital*.

IMPROVISACIONES

En la estación de ferrocarril

Elena Carlos, ¿tienes tu boleto para el tren?
Carlos No, ¿dónde venden los boletos?
Elena Allí en la ventanilla.

(*En la ventanilla*)

Carlos Un boleto de ida y vuelta para Cuzco, por favor.
Empleado ¿En segunda? Mil soles, por favor.
Carlos ¿A qué hora sale el tren?
Empleado A las catorce veinte.
Carlos ¿De qué andén sale?
Empleado Del andén número dos.
Carlos Gracias, señor.
Empleado De nada. A sus órdenes.

PREGUNTAS ¿?

1. ¿Tiene Carlos su boleto para el tren?
2. ¿Dónde venden los boletos?
3. ¿Cuánto es el boleto?
4. ¿A qué hora sale el tren?
5. ¿De qué andén sale?

Símbolos

ga	gue	gui	go	gu
paga llega garganta	(guerrilla)	(guisante) guitarra	amigo luego largo	(gusto)

ja	ge	je	gi	ji	jo	ju
hija (vieja) caja	general gemelo	traje viaje	(gigante) (giro)	Méjico	José (viejo) hijo	julio junio

TRABALENGUAS

El hijo del viejo José va a Méjico en julio.
La hija tiene el traje en la maleta vieja.
El amigo llega y paga en la caja.

La estación de ferrocarril en Cuzco

ESCENAS

Una carta del Perú

Queridos amigos,
Yo soy Ángel Gutiérrez Salazar. Mi familia y yo vivimos en un departamento en Lima. Tengo una hermana, Adela. Ella y yo no asistimos a la misma escuela. Ella va a una escuela para muchachas y yo voy a una escuela para muchachos. Mi escuela no está muy lejos de su escuela. En su país, ¿asisten los muchachos y las muchachas a la misma escuela? Mi hermana y yo aprendemos inglés. Tenemos que estudiar mucho porque el inglés no es muy fácil. Para Uds., ¿es fácil el español?

departamento *apartment*

Ahora es invierno en Lima. ¿Qué estación es ahora donde ustedes viven? En Lima no nieva y no llueve. Pero en invierno, de mayo a septiembre, la garúa cubre nuestra ciudad. La garúa es un tipo de neblina. ¿Uds. no comprenden cómo vivimos con cinco meses de garúa? Pues, no muy lejos de Lima está Chosica. Chosica está en las montañas. Allí siempre hace buen tiempo y hay sol. Vamos mucho a Chosica. Allí hay un restaurante muy famoso. Es la Granja Azul. Siempre comemos pollo si no hay veda.

¿Por qué no visitan Uds. a mi país? Si visitan al Perú, tienen que tomar un tren a Cuzco. Es un viaje muy interesante. El tren tiene que ir muy despacio porque sube y baja los picos de los Andes. A veces los turistas necesitan oxígeno porque hay poco oxígeno en el aire. Luego usan una máscara de oxígeno.

Mi hermana y yo tenemos ganas de recibir sus cartas. Leemos las cartas que recibimos de nuestros amigos en seguida. Así, aprendemos mucho de su país también.

Suyo afmo.
Ángel Gutiérrez Salazar.

comprenden *understand*

siempre *always*

pollo *chicken*

despacio *slowly*

sube y baja *climbs and descends*

máscara de oxígeno *oxygen mask*

tenemos ganas de *are anxious*

en seguida *at once*

Una zona residencial en Lima

PREGUNTAS ¿?

1. ¿Quién escribe la carta?
2. ¿Dónde viven él y su familia?
3. ¿Quién es su hermana?
4. ¿Asisten ellos a la misma escuela?
5. ¿Qué aprenden ellos en la escuela?
6. ¿Tienen que estudiar mucho?
7. ¿Es fácil para ellos el inglés?
8. ¿Qué estación es ahora en Lima?
9. ¿Llueve en el invierno? ¿Nieva?
10. ¿Qué cubre la ciudad?
11. ¿Qué es la garúa?
12. ¿Dónde está Chosica?
13. ¿Qué tiempo hace en Chosica?
14. ¿Qué hay en Chosica?
15. ¿Qué comen en la Granja Azul?
16. Si Uds. van al Perú, ¿adónde tienen que tomar el tren?
17. ¿Por qué tiene que ir muy despacio el tren?
18. En los picos de los Andes, ¿hay mucho o poco oxígeno en el aire?
19. ¿Tienen Ángel y su hermana ganas de recibir cartas?
20. ¿Qué aprenden de las cartas que reciben?

Composición

Write a letter to Ángel in Perú. Describe yourself and your life style by answering the following questions. Begin your letter with *Querido Ángel*.

¿Quién eres?
¿Dónde vives?
¿Cuántos años tienes?
¿Tienes hermanos y hermanas?
¿Cuántos(as) hermanos(as) tienes?
¿Asisten tus hermanos(as) a la misma escuela?
¿Qué aprendes en la escuela?
¿Tienes que estudiar mucho en la escuela?
¿Es fácil el español?
¿Nieva y llueve en el invierno en tu país?
¿Tienes ganas de visitar a Lima? ¿Por qué?

PERU-AEREO
24.00
CULTURA NAZCA
I.N.A.

Perspectivas

pasatiempo

Each of the blank squares in this puzzle is to be filled in with a different letter of the alphabet in order to complete the Spanish word. You will find it helpful to write out the alphabet and cross off each letter as it is used. The letters *ch, ll, ñ, rr* are included and the letters *k* and *w* have been omitted.

Entrevista

¿Viven Uds. en un departamento? ¿Dónde viven Uds.? ¿A qué escuela asisten Uds.? ¿Es una escuela para muchachos y muchachas? ¿Aprenden Uds. español? ¿Es fácil el español? ¿Hay muchos alumnos en su clase de español? ¿Cuántos alumnos hay en su clase? ¿Tienen Uds. un *pen pal*? ¿Escriben Uds. mucho a su *pen pal*? ¿Dónde vive él (ella)? ¿Reciben Uds. muchas cartas de su *pen pal*?

¿Cuántos años tienes? ¿Cuándo es tu cumpleaños? A veces, ¿arreglan una fiesta para tu cumpleaños tus amigos? ¿Invitan a tus parientes a la fiesta? ¿Recibes regalos para tu cumpleaños? ¿Qué tipo de regalos recibes?

Resumen oral

9

Bases

1. Es el fútbol.
   Los jugadores no pueden tocar la pelota.
   No pueden usar la mano.
   Tienen que usar las piernas o la cabeza.
   Ellos quieren jugar al fútbol.

2. Es un equipo de fútbol.
   Hay once jugadores en el equipo.
   Los jugadores son fuertes.
   El fútbol es un deporte.
   Es un deporte del otoño.
   Es un deporte popular.

3. Los chicos juegan al fútbol.
   Juegan en el campo de fútbol.
   Paco puede jugar también.
   Carlos ataca.
   Pepe tira la pelota.

4. Las chicas juegan al béisbol.
   El béisbol es un deporte de la primavera.

Práctica

A. Answer each question with a complete sentence.

1. En el fútbol, ¿pueden los jugadores tocar la pelota?
2. ¿Qué tienen que usar?
3. ¿Cuántos jugadores hay en un equipo de fútbol?
4. ¿Qué es el fútbol?
5. ¿Cuándo juegan los chicos al fútbol?
6. ¿Dónde juegan al fútbol?
7. ¿Puede jugar Paco?
8. ¿Quién ataca?
9. ¿Qué tira Pepe?
10. ¿Cuándo juegan las chicas al béisbol?

B. Correct each false statement.

1. La pelota es un deporte.
2. En el béisbol, los jugadores atacan.
3. El béisbol es un deporte del invierno.
4. Hay seis jugadores en el equipo de fútbol.

C. Complete each sentence with an appropriate word.

1. Hay once _______ en el _______ de fútbol.
2. El fútbol y el béisbol son _______.
3. Generalmente, juegan al fútbol en el _______, no en el invierno.
4. Generalmente, juegan al béisbol en la _______, no en el verano.
5. Los jugadores juegan al fútbol en el _______ de fútbol.
6. Paco _______ la pelota.

Juegan al béisbol en la primavera—Venezuela

ESTRUCTURAS

El verbo **jugar**

A. Repitan.

Nosotros jugamos al fútbol.
Jugamos al béisbol.

B. Contesten.

¿Juegan Uds. al fútbol?
¿Juegan Uds. al fútbol en el otoño?
¿Cuándo juegan Uds. al fútbol?
¿Juegan Uds. al fútbol en el parque?
¿Dónde juegan Uds. al fútbol?
¿Juegan Uds. al béisbol?
¿Juegan Uds. al béisbol en la primavera?
¿Cuándo juegan Uds. al béisbol?

C. Contesten.

¿Juega el muchacho al fútbol?
¿Juega la muchacha al fútbol?
¿Juega Carlos al béisbol?
¿Juega Elena al béisbol?
¿Juega Paco con el equipo de la escuela?
¿Juega Carmen con el equipo de la escuela?

¿Juegas al fútbol?
¿Juegas al béisbol?
¿Juegas al golf?
¿Juegas al tenis?
¿Juegas en la primavera?
¿Juegas en el otoño?

D. Sigan los modelos.

Juego al fútbol.
¿No juegas tú al fútbol?

Jugamos al fútbol.
¿No juegan Uds. al fútbol?

Juego al fútbol.
Juego al béisbol.
Juego al golf.

Jugamos al béisbol.
Jugamos al tenis.
Jugamos al golf.

Una jugadora de béisbol

Reglas

The verb **jugar** is called a stem-changing verb. You will note that even though the infinitive is **jugar,** in the majority of the forms of the verb, the vowel in the stem (**u**) changes to **ue.** Study the following forms.

	jugar
yo	juego
tú	juegas
él, ella, Ud.	juega
nosotros	jugamos
(vosotros)	(jugáis)
ellos, ellas, Uds.	juegan

Note that the verb **jugar,** when used with sports, is often followed by the preposition **a.**

Juego al fútbol.

Aplicación escrita

E. Complete each sentence with the appropriate form of the verb *jugar*.

1. Yo _______ al fútbol con mis amigos.
2. Ellos _______ con el equipo de su escuela.
3. Nosotros _______ en el parque.
4. ¿_______ tú al béisbol en la primavera?
5. Los hispanos _______ mucho al fútbol.

El verbo **poder**

A. Repitan.

Podemos jugar al fútbol.
Podemos comer ahora.
Podemos ir al Perú.

B. Contesten.

¿Pueden Uds. jugar al fútbol?
¿Pueden Uds. tirar la pelota?
¿Pueden Uds. tocar la pelota con la mano?
¿Pueden Uds. nadar?
¿Pueden Uds. esquiar?
¿Pueden Uds. ir en tren?

C. Contesten.

¿Puede María jugar al béisbol?
¿Puede Carlos jugar al fútbol?
¿Puede ella escuchar el disco?
¿Puede él mirar la televisión?

¿Pueden jugar al fútbol los muchachos?
¿Pueden nadar María y Teresa?
¿Pueden ellas esquiar?
¿Pueden ellos abrir la ventana?

¿Puedes mirar la televisión?
¿Puedes estudiar?
¿Puedes comer ahora?
¿Puedes ir a Lima?

D. Sigan las instrucciones.

Pregúntele a un muchacho si puede jugar al golf.

Pregúntele a una muchacha si puede jugar al tenis.

Pregúntele a un muchacho si puede ir al parque.

Pregúntele a una muchacha si puede ir al campo de fútbol.

Pregúnteles a los muchachos si pueden nadar.

Pregúnteles a las muchachas si pueden esquiar.

Pregúnteles a los señores si pueden ir a la playa.

Los muchachos juegan al fútbol—Segovia, España

Reglas

The verb **poder** is a stem-changing verb of the second conjugation. Even though the infinitive is **poder,** the **o** changes to **ue** in the majority of the forms. Study the following.

	poder
yo	puedo
tú	puedes
él, ella, Ud.	puede
nosotros	podemos
(vosotros)	(podéis)
ellos, ellas, Uds.	pueden

Aplicación escrita

E. Complete each sentence with the appropriate form of the verb *poder*.

1. Ellos _______ jugar también.
2. Nosotros no _______ nadar hoy porque hace frío.
3. ¿_______ tú esquiar el sábado?
4. Yo _______ ir a la fiesta.
5. Uds. _______ ir también, ¿no?

El verbo **querer**

A. Repitan.

Queremos jugar al fútbol.
Queremos leer el libro.
Queremos ir a la fiesta.

B. Contesten.

¿Quieren Uds. jugar al béisbol?
¿Quieren Uds. nadar en el mar?
¿Quieren Uds. tocar la guitarra?
¿Quieren Uds. arreglar la serenata?
¿Quieren Uds. tomar un refresco?
¿Quieren Uds. bailar?
¿Quieren Uds. escuchar discos?

C. Contesten.

¿Quiere Juan leer el libro?
¿Quiere María comer ahora?
¿Quiere la señora vender la casa?
¿Quiere el señor ver la película?

¿Quieren ellos abrir la ventana?
¿Quieren ellas vivir en la capital?
¿Quieren los señores escribir la carta?
¿Quieren los hermanos salir ahora?

¿Quieres una limonada?
¿Quieres el disco?
¿Quieres bailar?
¿Quieres el vestido?
¿Quieres un bocadillo?

D. Sigan las instrucciones.

Pregúntele a un muchacho si quiere llamar por teléfono.
Pregúntele a una muchacha si quiere cantar.
Pregúnteles a los muchachos si quieren estudiar.
Pregúnteles a los señores si quieren ir en tren.

Reglas

The verb **querer** is another stem-changing verb of the second conjugation. In the majority of forms, the vowel changes from **e** to **ie.** Study the following.

	querer
yo	quiero
tú	quieres
él, ella, Ud.	quiere
nosotros	queremos
(vosotros)	(queréis)
ellos, ellas, Uds.	quieren

Aplicación escrita

E. Complete each sentence with the appropriate form of the verb *querer*.

1. Las chicas _______ jugar al béisbol.
2. Carlos _______ ir en tren.
3. Yo _______ una limonada.
4. Nosotros _______ ver la película.
5. Tú _______ jugar también, ¿no?

F. Complete each sentence with the appropriate form of the cued verb.

1. Yo _______ ir a México. **poder**
2. Nosotros _______ visitar a Elena. **querer**
3. ¿Por qué no _______ tú también? **jugar**
4. ¿_______ Uds. jugar al fútbol cuando hace calor? **Poder**
5. Yo _______ ir a la fiesta. **querer**
6. Él _______ tocar la pelota con las piernas. **poder**
7. Nosotros _______ mucho en el parque. **jugar**
8. ¿Quién no _______ jugar? **poder**

Adjetivos que terminan en –e

A. Repitan.

El juego es interesante.
Los juegos son interesantes.
La playa es grande.
Las playas son grandes.

B. Contesten.

¿Es grande el mercado?
¿Son grandes los mercados?
¿Es grande la casa?
¿Son grandes las casas?
¿Es grande el campo?
¿Son grandes los campos?
¿Es grande la pelota?
¿Son grandes las pelotas?

¿Es interesante el libro?
¿Son interesantes los libros?
¿Es interesante la película?
¿Son interesantes las películas?
¿Es fuerte el muchacho?
¿Son fuertes los muchachos?
¿Es fuerte la muchacha?
¿Son fuertes las muchachas?

Reglas

Adjectives that end in **e** have only two forms. An **s** is added in the plural. Observe the following.

el campo grande	los campos grandes
la playa grande	las playas grandes

Many nouns also end in **e.** It is impossible to determine the gender of a noun that ends in **e.** It is necessary to learn whether it is an **el** noun or a **la** noun. The plural of all nouns ending in **e** is formed by adding **s.**

el deporte	los deportes
el cine	los cines
el parque	los parques
la calle	las calles
la noche	las noches

Aplicación escrita

C. Complete each sentence with the appropriate form of the cued adjective.

1. **grande**
   La ciudad es ______.
   Los colegios son ______.
   El campo de fútbol es ______.
   Las iglesias son ______.
2. **interesante**
   El periódico es ______.
   La idea es ______.
   Los libros son ______.
   Las películas son ______.
3. **importante**
   Los médicos son ______.
   La capital es ______.
   Las escuelas son ______.
   El deporte es ______.

Adjetivos y sustantivos que terminan en consonante

A. Repitan.

Juan come un sándwich.
Juan come dos sándwiches.
El deporte es popular.
Los deportes son populares.

B. Contesten.

¿Come María un sándwich?
¿Come María dos sándwiches?
¿Es moderno el tren?
¿Son modernos los trenes?
¿Hay un hospital en la ciudad?
¿Hay dos hospitales en la ciudad?
¿Es moderna la ciudad?
¿Son modernas las ciudades?
¿Es fuerte el jugador?
¿Son fuertes los jugadores?
¿Es popular el fútbol?
¿Son populares el fútbol y el béisbol?

Las muchachas juegan al fútbol

Reglas

Nouns ending in a consonant form the plural by adding **es**.

el jugador	los jugadores
la ciudad	las ciudades

Adjectives that end in a consonant have only two forms. An **es** is added to form the plural.

el juego popular	los juegos populares
la playa popular	las playas populares

Aplicación escrita

C. Rewrite each sentence in the plural. Be sure to make all necessary changes.

1. El tren tiene que ir despacio.
2. La ciudad es grande.
3. El hospital está en la ciudad.
4. El deporte es popular.
5. El jugador es fuerte.

IMPROVISACIONES

Un juego de fútbol

Pepe	Hola, Anita.
Anita	Hola, Pepe. ¿Qué tal?
Pepe	Bien. ¡Eh! ¿Por qué no jugamos al fútbol?
Anita	Buena idea.
Pepe	Allí está Carlos. Él puede jugar también.
	(*En el parque*)
Anita	¡Cuidado, Pepe! Carlos ataca.
Pepe	Tiro la pelota.
Anita	Allá va.

PREGUNTAS ¿?

1. ¿Con quién habla Pepe?
2. ¿Cómo está Pepe?
3. ¿A qué quiere jugar Pepe?
4. ¿Quiere jugar Anita?
5. ¿Quién puede jugar con Pepe y Anita?
6. ¿Quién ataca?
7. ¿Quién tira la pelota?

Símbolos

ra	**re**	**ri**	**ro**	**ru**
primavera verano	Teresa quiere interesante	América periódico	preparo espero	(Aruba) grupo
r̄a	**r̄e**	**r̄i**	**r̄o**	**r̄u**
Rafael (sierra) guitarra	(regular) recibe regalo	ferrocarril rico	Roberto (rojo) ferrocarril catarro	Rubén ruido (rubio) (ruta)

	h	
hasta	hermana	hospital
habla	hermano	hoy

El turista espera en la estación de ferrocarril.
Roberto Rosas vive en la sierra.
Teresa recibe un regalo interesante.
Rosa quiere una guitarra roja.
El hermano habla en el hospital.

ESCENAS

Los deportes en el mundo hispánico

En todas partes del mundo los deportes son populares. Y son populares también en la América Latina. En los países hispanoamericanos los jóvenes juegan mucho al fútbol. En el equipo hay once jugadores. Pero los jugadores no pueden tocar la pelota con las manos. Tienen que usar las piernas o la cabeza. En el fútbol que jugamos en los Estados Unidos, ¿pueden los jugadores tocar la pelota con la mano? ¿Hay un juego que nosotros jugamos en que no podemos usar las manos? ¿Cuál es?

jóvenes *young people*

Es interesante notar que en la mayoría de los países latinoamericanos el béisbol no es muy popular. Pero en Puerto Rico, sí. Los puertorriqueños son muy aficionados al béisbol. Es muy fácil aprender el vocabulario del béisbol. ¿Quieren Uds. adivinar un poco? Aquí tenemos varias palabras: el jonrón, batear, el bateador, el pícher, la base, el hit.

notar *to note*
mayoría *majority*
son muy aficionados al *are very fond of*
adivinar *to guess*
palabras *words*

PREGUNTAS

1. ¿Dónde son populares los deportes?
2. ¿Son populares en la América Latina?
3. ¿A qué juegan mucho los jóvenes?
4. ¿Cuántos jugadores hay en el equipo?
5. ¿Pueden tocar la pelota con las manos?
6. ¿Qué tienen que usar?
7. ¿Cuál es el juego que nosotros jugamos en que no podemos usar las manos?
8. ¿Es popular el béisbol en la mayoría de los países latinoamericanos?
9. ¿Dónde es popular el béisbol?
10. ¿Es fácil aprender el vocabulario del béisbol?

Answer the following questions in paragraph form according to the cues.

¿Qué estación es? **otoño**
¿Adónde van los muchachos? **parque**
¿A qué juegan los muchachos? **fútbol**
¿Dónde juegan? **campo de fútbol**
¿Cuántos jugadores hay en el equipo? **once**
¿Cómo son los jugadores? **fuertes**
¿Qué tienen que usar? **las piernas o la cabeza**
¿Quién ataca? **un jugador**
¿Quién quiere tirar la pelota? **otro jugador**

Un juego de básquetbol—Bogotá, Colombia

Perspectivas

pasatiempo

In the following crucigram, there are 37 Spanish words that you have already learned. On a separate sheet of paper, write the letters of the crucigram. Then circle each word you can find. The words can go from left to right, from right to left, from the top down, or from the bottom up.

E	Q	U	I	P	O	R	A	C	O	B
S	U	E	N	O	L	A	S	A	D	E
T	I	L	G	P	D	G	A	J	A	P
A	É	E	L	U	N	U	Í	A	D	C
R	N	A	É	L	E	J	D	I	U	A
R	B	U	S	A	R	A	B	R	I	R
A	S	O	L	R	T	Z	O	P	C	N
T	Í	C	O	D	A	E	L	P	M	E
I	A	A	N	I	L	B	E	N	A	Q
U	P	E	L	O	T	A	T	I	R	A
G	D	O	T	R	O	C	O	E	F	T

Entrevista

¿Eres muy aficionado(a) a los deportes? ¿Eres muy aficionado(a) al fútbol? ¿Es popular el fútbol en tu escuela? ¿Tiene tu escuela un equipo? ¿Es bueno el equipo? ¿Cuántos jugadores hay en el equipo? Y tú, ¿juegas al fútbol? ¿Juegas con el equipo? ¿En qué estación juegas al fútbol? Cuando juegas al fútbol, ¿puedes tocar la pelota con las manos? ¿Quieres ser un jugador famoso? ¿Quién es un jugador famoso? ¿Con qué equipo juega? ¿Cuál es tu equipo de fútbol favorito? ¿Cuál es tu equipo de béisbol favorito?

Resumen oral

10

Bases

1. Es el aeropuerto.
   Juan y su hermana hacen un viaje a España.
   Ellos hacen el viaje en avión.
   Los aviones están en la pista.
   Un avión despega.
   Otro avión aterriza.

2. Los pasajeros suben al avión.
   Pasan por la puerta número seis.
   El vuelo no sale hasta las diez.
   La salida es a las diez.
   Va a salir pronto.

3. Los pasajeros están a bordo.
   Se abrochan el cinturón de seguridad.
   Viene la azafata.
   Trae la comida.

4. Carlos pone la ropa en la maleta.
   Carlos hace (arregla) la maleta.

5. Alrededor de la casa hay una finca.
Hay también un olivar.

6. Es el desayuno.
Es una taza de café.
Es pan.
Es el almuerzo.
Es la cena.

Práctica

A. Answer each question with a complete sentence.

1. ¿Es el aeropuerto?
2. ¿Adónde hace Juan un viaje?
3. ¿Con quién hace el viaje?
4. ¿Cómo hacen ellos el viaje?
5. ¿De dónde despegan los aviones?
6. ¿Aterriza otro avión?
7. ¿Quiénes suben al avión?
8. ¿A qué hora va a salir el avión?
9. ¿Cuándo es la salida?
10. ¿Dónde están los pasajeros?
11. ¿Quién viene?
12. ¿Qué trae ella?
13. ¿Quién hace la maleta?
14. ¿Dónde pone Carlos la ropa?
15. ¿Qué hay alrededor de la casa?
16. ¿Cuáles son las tres comidas del día?

B. Form a question from each statement.

1. Los aviones están *en la pista.*
2. *Los pasajeros* suben al avión.
3. La azafata trae *la comida.*
4. Hacen el viaje *en avión.*
5. Alrededor de la casa hay *una finca.*

C. Guess the word being defined.

1. la persona que trae la comida en el avión
2. la camisa, la blusa, el vestido, etc.
3. la comida que tomamos por la mañana
4. personas que hacen un viaje en avión
5. donde despegan y aterrizan los aviones

En el aeropuerto internacional de Madrid, Barajas

ESTRUCTURAS

Los verbos **hacer, poner, traer, salir**

A. Repitan.

Yo hago un bocadillo.
Hago un sándwich.
Pongo la ropa en la maleta.
Pongo el libro en la mesa.
Traigo la comida.
Salgo de casa.

B. Contesten.

¿Haces un viaje?
¿Haces un viaje en avión?
¿Haces un viaje a España?
¿Haces un bocadillo?
¿Haces una ensalada?
¿Haces la comida?
¿Pones la ropa en la maleta?
¿Pones el libro en la mesa?
¿Pones la blusa en la maleta?
¿Traes el periódico?
¿Traes los boletos?
¿Traes las maletas?
¿Traes los regalos?
¿Sales en avión?
¿Sales de la escuela a las tres?
¿Sales en seguida?

C. Contesten.

¿Hace Juan un viaje?
¿Hace Francisco un viaje en avión?
¿Hace la maleta el muchacho?
¿Hace un bocadillo la muchacha?
¿Pone el libro en la mesa María?
¿Pone la ropa en la maleta Juan?
¿Trae el señor los vegetales del mercado?
¿Trae María los regalos?
¿Sale en seguida el avión?
¿De qué andén sale el tren?

¿Hacen un viaje María y Teresa?
¿Hacen un viaje en avión las amigas?
¿Hacen ellos un bocadillo?
¿Ponen la comida en la mesa los muchachos?
¿Ponen la ropa en la maleta Juan y Tomás?
¿Traen la pelota los jugadores?
¿Traen el libro los chicos?
¿Salen las alumnas de la escuela?
¿Salen los jugadores del campo de fútbol?

D. Repitan.

Hacemos un viaje.
Ponemos la ropa en la maleta.
Traemos los boletos.
Salimos en seguida.

E. Contesten.

¿Hacen Uds. un viaje?
¿Cómo hacen Uds. el viaje?
¿Adónde hacen Uds. el viaje?
¿Ponen Uds. la televisión en la sala?
¿Ponen Uds. las tazas en la mesa?
¿Traen Uds. los boletos?
¿Traen Uds. las maletas?
¿Salen Uds. para la playa?
¿Salen Uds. de la escuela?
¿Salen Uds. con los amigos?
¿Salen Uds. en seguida?

F. Sigan las instrucciones.

Pregúntele a un muchacho si hace un viaje.
Pregúntele a una muchacha si hace un viaje en avión.
Pregúntele a un muchacho si pone el libro en la mesa.
Pregúntele a una muchacha si pone los boletos en la maleta.
Pregúntele a una muchacha si trae los libros a la escuela.
Pregúntele a un muchacho si trae el traje de baño.
Pregúntele a una muchacha si sale ahora para la playa.

G. Sigan el modelo.

Hago un viaje.
Y Uds. también hacen un viaje.

Pongo la ropa en la maleta.
Traigo la comida.
Hago las maletas.
Traigo los boletos.
Salgo en seguida.

Reglas

The verbs **hacer, poner,** and **traer** are irregular verbs of the second conjugation. **Salir** is an irregular verb of the third conjugation. You will note that in the present tense they are irregular only in the first person singular **yo** form. All the other forms are regular. Study the following.

	hacer	**poner**	**traer**	**salir**
yo	hago	pongo	traigo	salgo
tú	haces	pones	traes	sales
él, ella, Ud.	hace	pone	trae	sale
nosotros	hacemos	ponemos	traemos	salimos
(vosotros)	(hacéis)	(ponéis)	(traéis)	(salís)
ellos, ellas, Uds.	hacen	ponen	traen	salen

Aplicación escrita

H. Answer each question with a complete sentence.

1. ¿Haces un viaje a España?
2. ¿Haces el viaje en avión?
3. ¿Haces la maleta?
4. ¿Pones la ropa en la maleta?
5. ¿Pones un libro en la maleta también?
6. ¿Pones los boletos en la maleta?
7. ¿Traes un libro interesante?
8. ¿Sales para el aeropuerto?
9. ¿Sales para el aeropuerto por la tarde?

I. Complete each sentence with the appropriate form of the cued verb.

1. Juan ______ la maleta. **hacer**
2. Juan y su hermana ______ la ropa en la maleta. **poner**
3. Nosotros ______ dos libros. **traer**
4. ¿______Uds. un viaje a España? **Hacer**
5. La azafata ______ la maleta. **traer**
6. ¿______ tú la comida en la mesa? **Poner**
7. Nosotros ______ el periódico en la sala. **poner**
8. ¿______ tú un bocadillo? **Hacer**
9. ¿Qué ______ él en la mano? **traer**
10. ¿A qué hora ______ el avión? **salir**

El verbo venir

Tercera persona

A. Repitan.

La azafata viene ahora.
Ellos vienen tarde.

B. Contesten.

¿Viene de España María?
¿De dónde viene María?
¿Viene con la comida la azafata?
¿Con qué viene la azafata?

¿Vienen de Madrid los pasajeros?
¿De dónde vienen los pasajeros?
¿Vienen en seguida las muchachas?
¿Cuándo vienen las muchachas?

Primera persona

C. Repitan.

Yo vengo en avión.
Vengo tarde.

Nosotros venimos por la tarde.
Venimos con los parientes.

D. Contesten.

¿Vienes mañana?
¿Vienes en avión?
¿Vienes con Carmen?
¿Vienes tarde?

¿Vienen Uds. en seguida?
¿Vienen Uds. con los primos?
¿Vienen Uds. del mercado?
¿Vienen Uds. de Puerto Rico?

Segunda y tercera personas

E. Repitan.

¿Vienes con Juan?
¿Viene Ud. mañana?
¿Vienen Uds. en avión?

F. Sigan las instrucciones.

Pregúntele a la muchacha cuándo viene.
Pregúntele al muchacho cómo viene.
Pregúntele al señor con quién viene.
Pregúntele a la señora de dónde viene.
Pregúnteles a los muchachos por qué vienen.
Pregúnteles a las señoras cómo vienen.

Reglas

The verb **venir** has two kinds of changes. In the first person singular **yo** form, it follows the same pattern as the verbs **hacer, poner, traer,** and **salir.** In addition, it is a stem-changing verb (**e** to **ie**) and the stem changes like the verb **tener.** Study the following.

	venir
yo	vengo
tú	vienes
él, ella, Ud.	viene
nosotros	venimos
(vosotros)	(venís)
ellos, ellas, Uds.	vienen

Aplicación escrita

G. Complete each sentence with the appropriate form of the verb *venir*.

1. Yo ______ ahora.
2. Ellos ______ con sus primos.
3. Nosotros ______ en avión.
4. Marta ______ con sus parientes.
5. ¿Por qué ______ tú con tres maletas?
6. Yo ______ tarde.
7. Los dos hermanos ______ de España.
8. Nosotros ______ en tren.

El futuro con **ir a** y el infinitivo

A. Repitan.

Voy a mirar la televisión.
Vamos a estudiar.
Carlos va a comer.
Ellos van a hacer un viaje.
¿Vas a salir ahora?
¿Van Uds. a ir en avión?

B. Contesten.

¿Vas a mirar la televisión?
¿Vas a estudiar?
¿Vas a preparar el desayuno?
¿Vas a comer?
¿Vas a leer el periódico?
¿Vas a vivir en la ciudad?
¿Vas a escribir una carta?

¿Van Uds. a preparar la comida?
¿Van Uds. a nadar?
¿Van Uds. a traer el almuerzo?
¿Van Uds. a hacer la maleta?
¿Van Uds. a ir en avión?

¿Va Juan a llamar por teléfono?
¿Va Elena a escuchar los discos?
¿Va a despegar el avión?
¿Va a salir el tren?

¿Van a jugar al fútbol los muchachos?
¿Van a esquiar las muchachas?
¿Van a traer la guitarra los jóvenes?
¿Van a vivir en México los primos de Carlos?

C. Sigan el modelo.

¿Quién va a trabajar?
Tú vas a trabajar.

¿Quién va a tocar?
¿Quién va a cantar?
¿Quién va a comer?
¿Quién va a leer?
¿Quién va a salir?
¿Quién va a escribir?

Reglas

The future can be expressed by using the verb **ir** plus the preposition **a** and the infinitive. This is equivalent to the English *to be going to*. . . . Study the following examples.

Voy a hacer un viaje.
Vamos a ir en avión.
Vamos a visitar a nuestros abuelos.

Aplicación escrita

D. Complete each sentence with the appropriate form of the verb *ir* plus *a*.

1. Nosotros _______ hacer un viaje.
2. Ellos _______ ir en avión.
3. Carlos _______ hacer la maleta.
4. Yo _______ traer los boletos.
5. ¿Qué _______ hacer (tú)?
6. El avión _______ despegar en seguida.
7. ¿Cuándo _______ ir Uds. al aeropuerto?
8. Ud. _______ escribir la carta, ¿no?

E. Complete each sentence with the appropriate infinitive ending.

1. Ellos van a mir_____ la televisión.
2. Carlos va a le_____ el periódico.
3. Tú vas a abr_____ los regalos.
4. María va a viv_____ en el Perú.
5. Ellos van a compr_____ una camisa.
6. En el invierno vamos a esqui_____.
7. La familia va a hac_____ un viaje.
8. Yo voy a pon_____ la ropa en la maleta.

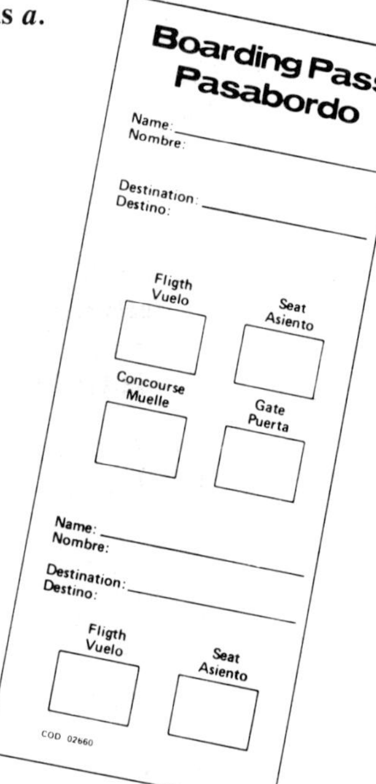

El Perú

Los indios van al mercado, Chinchero

Miraflores, Lima

Los incas llevan la carga

Casas en las montañas, Cuzco

Palacio Torre Tagle, Lima

San Isidro, Lima

Plaza de Armas, Cuzco

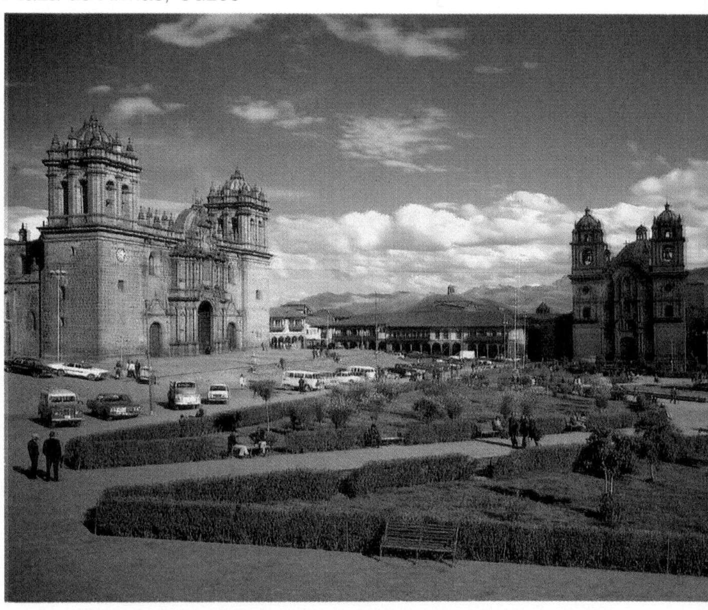

Deportes

El béisbol es popular en Puerto Rico

Un juego de fútbol, Taxco, México

La gente nada en la piscina, Madrid

Esquían en las montañas, Argentina

Las muchachas juegan al vólibol, Lima, Perú

Juegan al fútbol, Unidad Independencia, México

Regiones de España

Casa en el campo, Cordillera Bética, Granada

Paisaje en las Provincias Vascongadas

Una vista de Andalucía

La Mancha, tierra de don Quijote

Casas residenciales en el sur de España

Puerto Rico

Una calle del Viejo San Juan

Apartamentos altos y modernos

Panorama del Viejo San Juan

Las palmeras de la isla tropical

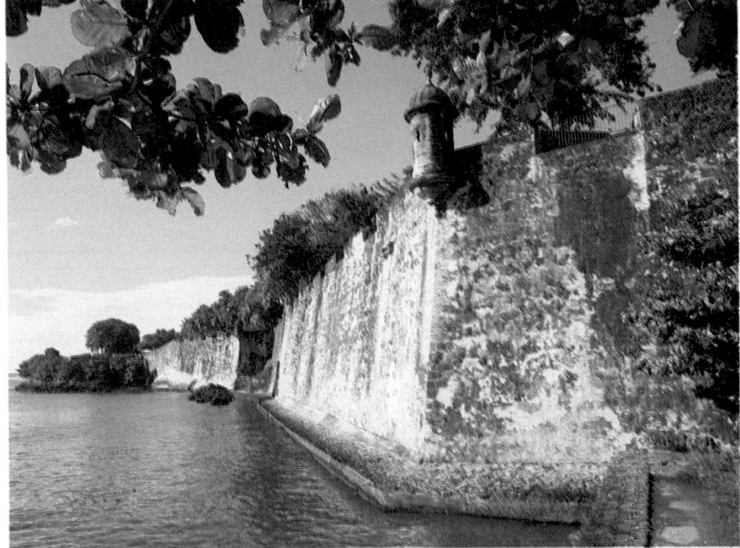
El Morro

El Centro de Artes, Plaza las Américas

IMPROVISACIONES

Un viaje en avión

Anunciador	Señores pasajeros. La compañía de aviación anuncia la salida de su vuelo 180 con destino a Madrid. Todos a bordo, por favor.
María	Juan, el avión va a salir.
Juan	Sí, ¿por qué puerta tenemos que pasar?
María	Por la puerta número ocho.
Juan	Vamos. Hacen la última llamada.
	(*A bordo*)
María	Aquí está el cinturón de seguridad.
Juan	¡Ay! Ya estamos en la pista.
María	Sí, pronto vamos a despegar.
Juan	Después de un viaje de siete horas, vamos a estar en España.

PREGUNTAS ¿?

1. ¿Cuál es el número del vuelo?
2. ¿Para dónde sale el vuelo?
3. ¿Por qué puerta tienen que pasar Juan y su hermana?
4. ¿Hacen la última llamada?
5. ¿Está en la pista el avión?
6. ¿Cuándo van a despegar?
7. ¿Cuándo van a estar Juan y María en España?

Símbolos

ll	y	ñ	ch
ella	yo	señor	chico
calle	ya	señora	(ancho)
pastilla	playa	señorita	(estrecho)
ventanilla		español	(chocolate)
llega		España	muchacha
		otoño	
		pequeño	

TRABALENGUAS

Ella llega a la ventanilla.
El niño pequeño va a las montañas en el otoño.
La calle es ancha, no estrecha.
La señora estudia español en España.

Paisaje andaluz

ESCENAS

Un verano con una familia española

Carlos y Anita viven en una ciudad de los Estados Unidos. Ellos tienen un *pen pal* en España y van a pasar el verano con la familia de su *pen pal*. Ellos viven en Andalucía, en el sur del país. Como el viaje es muy largo, van a hacer el viaje en avión.

sur *south*

Llegan al aeropuerto. Suben al jet grande de las líneas aéreas de España. Durante el vuelo tienen una comida y ven una película. Después de siete horas, el avión aterriza en el aeropuerto internacional de Madrid, Barajas. Carlos y Anita van de Madrid a Andalucía en tren.

La familia de su *pen pal* tiene una finca cerca de Sevilla. Alrededor de la casa hay un olivar inmenso. De las olivas, hacen aceite. Carlos y Anita notan que los españoles usan mucho aceite cuando preparan sus comidas.

aceite *olive oil*

¿Y a qué hora toman las comidas en España? Toman el almuerzo a las dos y media de la tarde. Para el almuerzo no comen solamente un bocadillo. Es una comida grande. Frecuentemente es la comida principal. Y luego la familia no cena hasta las diez y media de la noche. Por la mañana, el desayuno es siempre una comida muy ligera—una taza de café y pan.

no cena *doesn't have supper*
ligera *light*

Carlos y Anita encuentran las diferencias entre la vida en España y la vida en los Estados Unidos muy interesantes. Notan que sus nuevos hermanos no tienen muchas citas. Ellos salen mucho en grupos. Con sus amigos van a una fiesta, al cine o a un picnic. «Dating» es una palabra que no existe en español. Y los jóvenes hacen mucho con su familia—con sus primos, sus tíos y con sus padres. La familia es muy importante en los países hispanos.

encuentran *find*
nuevos *new*
citas *dates*

Carlos y Anita pasan un verano estupendo con su nueva familia en España. Cuando llega el día dos de septiembre, no quieren volver a casa. Invitan a sus hermanos a pasar el próximo verano con ellos en los Estados Unidos.

estupendo *great*
volver *return*
próximo *next*

PREGUNTAS

1. ¿Dónde viven Carlos y Anita?
2. ¿Dónde tienen ellos un *pen pal*?
3. ¿Con quiénes van a pasar el verano?
4. ¿Dónde viven ellos?
5. ¿Cómo van a hacer el viaje Carlos y Anita?
6. ¿Qué tienen durante el vuelo?
7. ¿Qué ven?
8. ¿Cuándo aterriza el avión en Madrid?
9. ¿Cómo van de Madrid a Andalucía Carlos y Anita?
10. ¿Qué tiene la familia de su *pen pal*?
11. ¿Qué hay alrededor de la casa?
12. ¿Qué usan los españoles cuando preparan sus comidas?
13. ¿A qué hora toman el almuerzo?
14. ¿Es el almuerzo una comida ligera?
15. ¿A qué hora cena la familia?
16. ¿Cómo es el desayuno?
17. ¿Tienen muchas citas los nuevos hermanos de Carlos y Anita?
18. ¿Con quiénes salen ellos?
19. ¿Adónde van ellos con sus amigos?
20. ¿Hacen ellos mucho con su familia?
21. ¿Quieren volver a casa Carlos y Anita?

Answer the following questions in paragraph form.

¿Dónde viven Carlos y Anita?
¿Por qué van a hacer un viaje a España?
¿Cómo van a hacer el viaje?
¿Con quién van a pasar el verano?
Cuando llegan, ¿qué notan ellos en seguida?
¿A qué hora toman el almuerzo en España?
¿Es una comida grande o ligera?
¿A qué hora cenan?
¿Qué toman para el desayuno?
¿Tienen muchas citas los jóvenes españoles?
¿Adónde van ellos?
¿Hacen mucho con la familia también?

Las casas blancas de Andalucía

Perspectivas

pasatiempo

Complete each sentence. Then put each answer in its proper place in the puzzle. The answers will fit only if you complete each sentence correctly.

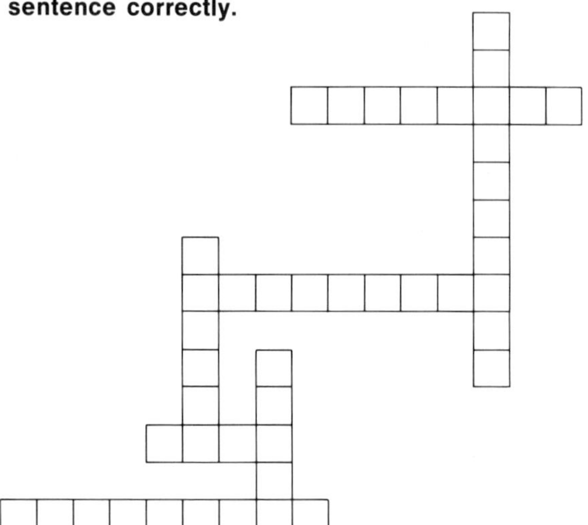

1. El _ _ _ _ _ llega a las diez de la mañana.
2. ¿En qué _ _ _ _ _ _ _ _ _ _ vamos a aterrizar?
3. ¿Cuándo es la _ _ _ _ _ _ del vuelo número 235?
4. Hay un olivar _ _ _ _ _ _ _ _ _ _ de la casa.
5. Juan no _ _ _ _ hasta las once.
6. ¿Por qué usas el _ _ _ _ _ _ _ _ _ de seguridad?
7. Los _ _ _ _ _ _ _ _ _ _ suben al avión.

Entrevista

¿Quién hace las comidas en tu casa? ¿Prepara las comidas con mucho aceite? ¿A qué hora toman Uds. el desayuno? Para el desayuno, ¿comen Uds. mucho o poco? ¿Y a qué hora toman Uds. el almuerzo? ¿Qué comen Uds. para el almuerzo? ¿Es una comida grande o ligera? ¿A qué hora toman el almuerzo en España? ¿Cómo es el almuerzo en España? ¿A qué hora cenan Uds.? ¿A qué hora cenan en España?

¿Tienes muchas citas? ¿Sales con solamente un amigo o una amiga? ¿O sales con un grupo de amigos? ¿Van Uds. al cine? ¿Qué ven en el cine? ¿Van Uds. a veces a una fiesta? ¿Hay fiestas en la escuela? Los jóvenes en España, ¿salen mucho con solamente un amigo o una amiga? ¿Salen con un grupo de amigos? ¿Haces mucho con tu familia? ¿Sales frecuentemente con tus padres? ¿Sales frecuentemente con tus hermanos? En España, ¿salen mucho los jóvenes con sus familias?

Resumen oral

11

Bases

1. Puerto Rico es una isla.
   Está en el océano Atlántico y el mar Caribe.
   Una isla tiene agua por todos lados.
   San Juan es la capital de Puerto Rico.
   San Juan está en el norte de la isla.
   Una brisa mueve las palmas.

2. El sol brilla en el cielo.
   Hay mucho tráfico en la carretera.
   Los edificios altos son modernos.
   Son rascacielos.

3. El muchacho está contento.
   No está triste.
   Vuelve a Puerto Rico.
   Él saluda a su familia.
   Hay mucha gente allí.
   Ellos empiezan a poner las maletas en el baúl del carro.

Práctica

A. Answer each question with a complete sentence.

1. ¿Qué es Puerto Rico?
2. ¿Dónde está Puerto Rico?
3. ¿Dónde tiene agua una isla?
4. ¿Cuál es la capital de Puerto Rico?
5. ¿Dónde está San Juan?
6. ¿Qué mueve las palmas?
7. ¿Dónde brilla el sol?
8. ¿Dónde hay mucho tráfico?
9. ¿Cómo son los edificios altos?
10. ¿Son rascacielos los edificios altos?
11. ¿Cómo está el muchacho?
12. ¿Adónde vuelve él?
13. ¿A quién saluda?
14. ¿Dónde ponen ellos las maletas?

B. Correct each false statement.

1. Puerto Rico es una península.
2. Una isla tiene agua a tres lados.
3. Ponce es la capital de Puerto Rico.
4. El tráfico mueve la palma.
5. Puerto Rico está en el océano Pacífico.

C. Complete each sentence with an appropriate word.

1. San Juan está en el _______, no en el sur.
2. El sol brilla en el _______.
3. Los _______ son edificios altos.
4. El muchacho no está triste; está _______.
5. Hay mucho tráfico en la _______.
6. El Atlántico es un _______.
7. El Caribe es un _______.
8. Puerto Rico es una _______.
9. Ella pone las maletas en el _______ del carro.
10. El muchacho _______ a todos sus parientes.

ESTRUCTURAS

Ser y estar

Origen y colocación

A. Repitan.

Marta es de Puerto Rico.
Marta está en Puerto Rico.
Juan es de España.
Juan está en España.

B. Contesten.

¿De dónde es Marta?
¿Dónde está Marta?
¿De dónde es José?
¿Dónde está José?
¿De dónde es Paco?
¿Dónde está Paco?

¿De dónde eres?
¿Dónde estás?
¿De dónde son tus padres?
¿Dónde están tus padres?

C. Repitan.

María es de México pero ahora está en España.
Elena es de Nueva York, pero ahora está en San Juan.

D. Contesten.

¿De dónde es María?
¿Dónde está María ahora?
¿De dónde es María y dónde está ahora?
¿De dónde es Elena?
¿Dónde está Elena?
¿De dónde es Elena y dónde está ahora?
¿De dónde eres?
¿Dónde estás ahora?
¿De dónde eres y dónde estás ahora?

E. Repitan.

San Juan está en Puerto Rico.
Madrid está en España.
Chicago está en los Estados Unidos.
Mi casa está en ______.
El libro está en la mesa.
Estamos en la escuela.

F. Contesten.

¿Estás en la escuela?
¿Están Uds. en la clase de español?
¿Dónde está la mesa?
¿Dónde está el libro?
¿Dónde está la televisión?
¿Dónde está la comida?
¿Dónde está San Juan?
¿Dónde está tu casa?

Una calle del Viejo San Juan

Reglas

In Spanish there are two verbs that mean *to be*. They are **ser** and **estar.** Each of these verbs has very definite uses.

The verb **ser** is used to express where someone or something is from. Study the following examples.

María es de México.

This means that Mary is from Mexico in the sense that she was born there.

Los productos son de Puerto Rico.

This means that the products are from Puerto Rico in the sense that they originated or were produced there.

The verb **estar** is used to express where someone or something is located. It does not matter whether it is a permanent or temporary location. Study the following examples.

San Juan está en Puerto Rico.
El libro está en la mesa.

Los puertorriqueños vuelven a visitar su isla natal

Productos continentales en Bayamón

Característica y condición

G. Repitan.

Mi casa es moderna.
La ciudad de San Juan es bonita.
El pueblo es pequeño.
El teléfono es negro.

H. Contesten.

¿Es grande o pequeña tu casa?
¿Es moderna o antigua tu casa?
¿Es largo o corto el viaje a Madrid?
¿Es largo o corto el vuelo a San Juan?
¿Es blanca la camisa?
¿Es bueno el equipo?
¿Son altas las montañas?
¿Son bonitas las playas?
¿Son altos los edificios?
¿Son fuertes los jugadores?

I. Repitan.

La muchacha está contenta.
Carlos está triste.
Carmen está bien.
Teresa no está bien.
Teresa está enferma.

J. Contesten.

¿Está bien Pablo?
¿Está bien Marta?
¿Está enfermo Carlos?
¿Está enferma Teresa?
¿Estás bien o enferma?
¿Cómo estás?
¿Está contento el muchacho?
¿Está contenta la muchacha?
¿Está triste tu primo?
¿Está triste tu prima?

Reglas

The verb **ser** is used to express a permanent characteristic.

La ciudad de San Juan es bonita.
La camisa es blanca.

The verb **estar** is used to express a temporary condition.

Carlos está enfermo.
La abuela está contenta.

Aplicación escrita

K. Complete each sentence with the appropriate form of the verb *ser* or *estar*.

1. Carlos ______ alto.
2. María ______ enferma hoy.
3. Paco ______ en los Estados Unidos.
4. Carmen ______ de Puerto Rico.
5. Las montañas ______ altas.
6. Yo ______ enfermo, no ______ bien.
7. Pepe ______ guapo y María ______ bonita.
8. Nosotros ______ contentos.
9. Los alumnos ______ en la escuela.
10. ¿Por qué ______ tú triste?
11. Los pueblos antiguos ______ bonitos.
12. Madrid ______ en España.

L. Form a sentence with either *ser* or *estar* according to the model.

Juan / en España
Juan está en España.

1. yo / en San Juan
2. él / de Puerto Rico
3. María / contenta
4. nosotros / bien
5. casa / blanca
6. Madrid / España
7. montañas / altas
8. Uds. / tristes

Hay un poco de Nueva York en Cataño, Puerto Rico

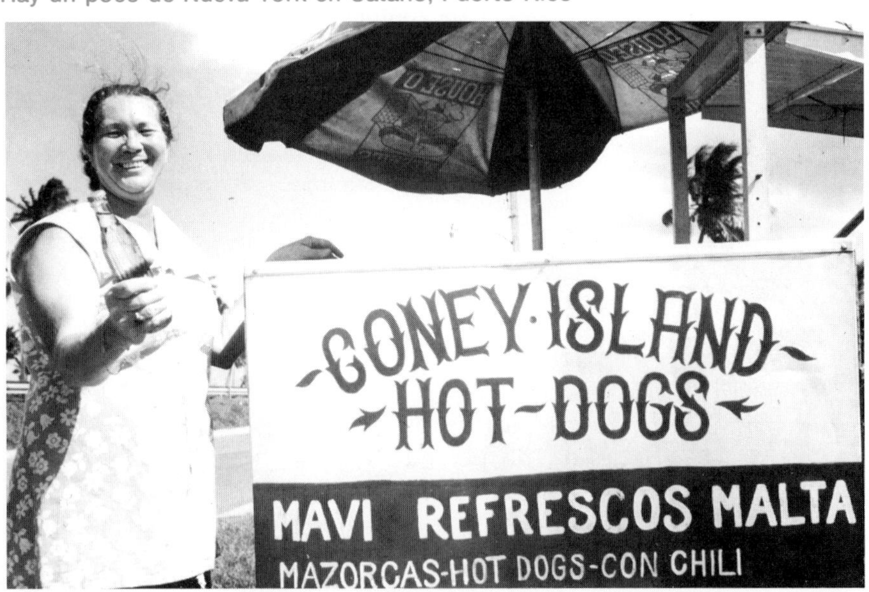

La comparación de los adjetivos

El comparativo

A. Repitan.

España es más grande que Puerto Rico.
San Juan es más importante que Ponce.
Paco es más alto que su hermano.

B. Contesten.

¿Quién es más alto, Enrique o Pablo?
¿Quién es más alta, María o Elena?
¿Qué ciudad es más moderna, Nueva York o Madrid?
¿Qué país es más grande, España o Puerto Rico?
¿Qué ciudad es más importante, San Juan o Ponce?
¿Qué blusa es más bonita, la blusa de María o la blusa de Carmen?
¿Qué viaje es más largo, el viaje a España o el viaje a Puerto Rico?

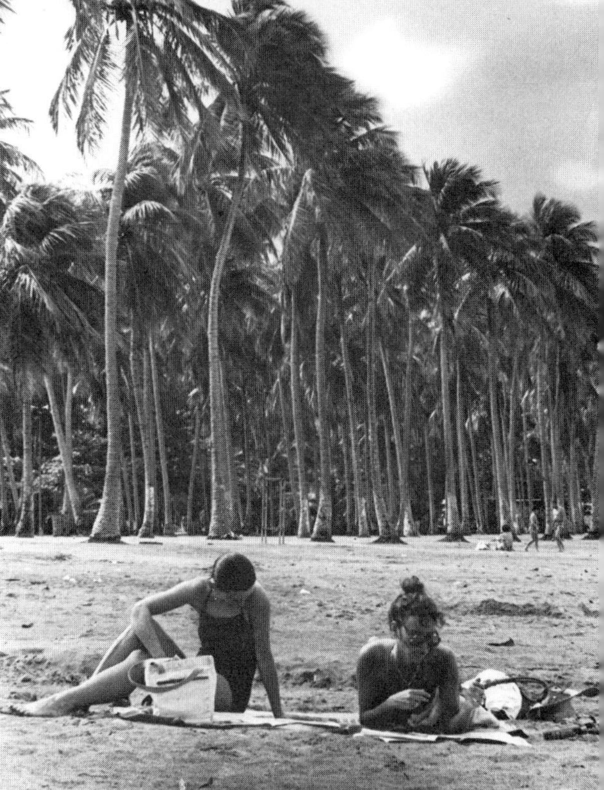

La playa en Luquillo—Puerto Rico

Reglas

In order to express the ideas *taller, prettier* etc., the word **más** is placed before the adjective. This is called the comparative form of the adjective, since it is used to compare one item with another. The word *than* is translated **que.** Study the following examples.

Carlos es más alto que Enrique.
Nueva York es más grande que Madrid.

Aplicación escrita

C. Write sentences based on the illustrations. Use the comparative form of the adjective. Example: *María es más alta que Elena.*

1. 

2. 

3. 

4. 

El superlativo

A. Repitan.

San Juan es la ciudad más importante de la isla.
Carlos es el muchacho más alto de la clase.
Carlos es el más alto de la clase.

B. Contesten.

¿Cuál es la ciudad más grande de Puerto Rico?
¿Cuál es la ciudad más grande de los Estados Unidos?
¿Quién es el muchacho más alto de la clase?
¿Quién es la muchacha más alta de la clase?
¿Quién es el muchacho más inteligente de la clase?
¿Quién es la muchacha más inteligente de la clase?
¿Quién es el más alto de la clase?
¿Quién es la más alta de la clase?

Edificios altos y modernos en Isla Verde

Reglas

In order to express the ideas *tallest, prettiest* etc., the word **más** accompanied by the appropriate definite article is placed before the adjective. This is called the superlative form of the adjective. If the definite article already appears with the noun, it is not necessary to repeat it with the adjective. The superlative is followed by the preposition **de.** Study the following examples.

Carlos es el muchacho más alto de la clase.
Carlos es el más alto de la clase.

María es la muchacha más inteligente de la clase.
María es la más inteligente de la clase.

Aplicación escrita

C. Look up the following interesting information and answer the questions.

1. ¿Cuál es la ciudad más grande del mundo?
2. ¿Cuál es el río más largo del mundo?
3. ¿Cuáles son las montañas más altas del mundo?
4. ¿Cuál es el país más grande del mundo?
5. ¿Cuál es el edificio más alto de los Estados Unidos?
6. ¿Cuál es el estado más grande de los Estados Unidos?

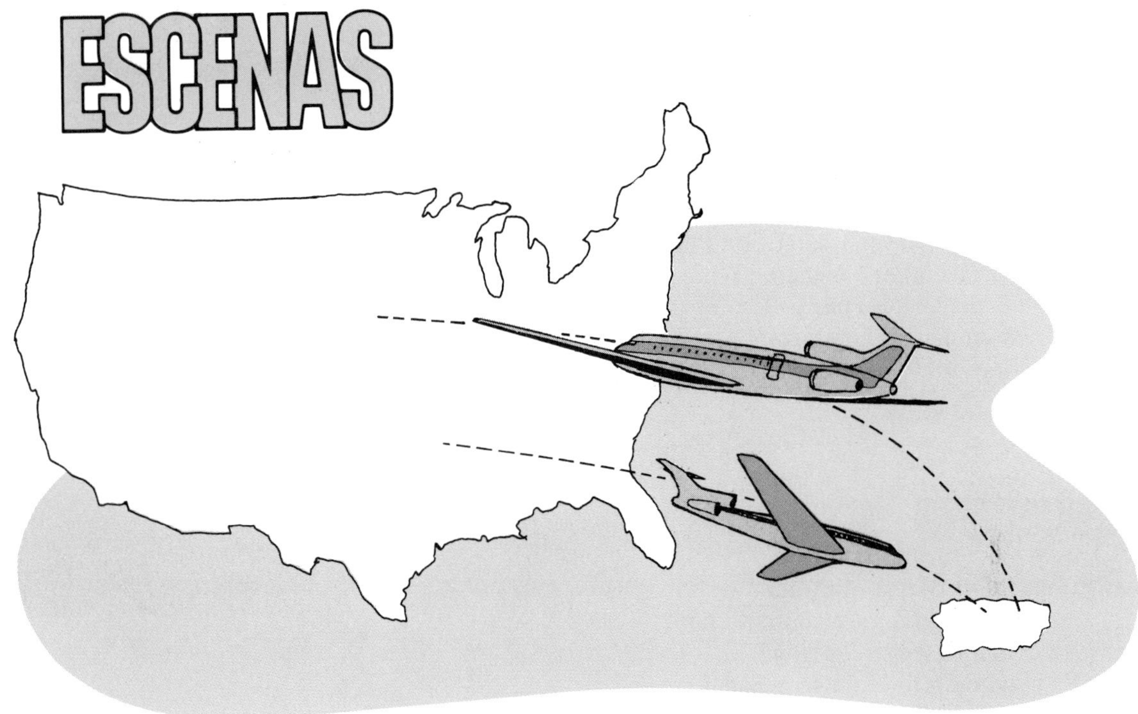

Puerto Rico

Marta Martínez vive en Nueva York. Hoy ella está muy contenta. ¿Y por qué está tan contenta? Porque ella es de Puerto Rico y hoy vuelve a visitar su isla natal.

tan *so*

El avión despega de Nueva York y después de un vuelo corto de tres horas y media aterriza en el aeropuerto internacional de Isla Verde. Marta está de nuevo en casa. Ella saluda a todos sus parientes que esperan su llegada. Todos están contentos de ver a Marta en Puerto Rico. Ponen las maletas en el baúl del carro y empiezan el viaje a casa. La casa de los primos de Marta está en Bayamón, un suburbio de San Juan.

de nuevo *again*
llegada *arrival*

En la carretera hay mucho tráfico. Marta ve muchos edificios altos y modernos. Su Puerto Rico es una isla fabulosa. El sol tropical brilla en el cielo. De noche canta el coquí. Y una brisa ligera mueve las palmas. En las playas nadan y toman el sol los turistas y los sanjuaneros.

Un día, Marta va a un supermercado con sus primos. Ve los mismos productos que compra en Nueva York. Sí, en los supermercados de Nueva York venden productos de la isla y en la isla venden los productos del «continente».

No hay sólo un vaivén de productos. Hay también un vaivén de gente. Muchas familias de Puerto Rico tienen parientes en el continente. Ellos hacen un viaje de visita al continente. Y muchos que viven en el continente hacen un viaje de visita a la isla o vuelven a vivir en la isla. Así, en Nueva York o Chicago hay mucha gente que habla español. Y en San Juan o Ponce hay mucha gente que habla inglés. Vemos una mezcla de culturas—la hispánica y la norteamericana. En Puerto Rico hay rascacielos como en Nueva York o Chicago. Y hay plazas bonitas como en Madrid o Sevilla. Hoy Puerto Rico es una parte de los Estados Unidos. Es un estado libre asociado.

sólo *only*
vaivén *coming and going*
mezcla *mixture*
estado libre asociado *commonwealth*

PREGUNTAS ¿?

1. ¿Dónde vive Marta Martínez?
2. ¿Por qué está ella muy contenta hoy?
3. ¿De dónde despega el avión?
4. ¿Es largo o corto el vuelo a San Juan?
5. ¿Dónde está Marta de nuevo?
6. ¿A quiénes saluda ella?
7. ¿Cómo están todos?
8. ¿Dónde ponen las maletas?
9. ¿Dónde está la casa de los primos de Marta?
10. ¿Qué hay en la carretera?
11. ¿Qué ve Marta?
12. ¿Cómo es Puerto Rico?
13. ¿Qué brilla en el cielo?
14. ¿Qué canta de noche?
15. ¿Qué mueve las palmas?
16. ¿Qué hacen los turistas y los sanjuaneros en las playas?
17. ¿Adónde va Marta un día?
18. ¿Qué ve en el supermercado?
19. ¿Venden productos de la isla en los supermercados de Nueva York?
20. ¿Dónde tienen parientes muchas familias de Puerto Rico?
21. ¿Adónde hacen ellos un viaje de visita?
22. ¿Quiénes hacen un viaje de visita a la isla?
23. ¿Vuelven muchos puertorriqueños a vivir en la isla?
24. ¿Qué vemos en Puerto Rico?
25. ¿Hay rascacielos en Puerto Rico?
26. ¿Hay plazas bonitas?
27. ¿Qué es Puerto Rico hoy?

Unos jóvenes puertorriqueños—San Juan

Reorganize the sentences to form a logically unified paragraph.

Cuando llega, los parientes están contentos de ver a Carlos.
En los supermercados ve también los mismos productos que compra en Nueva York.
Carlos es de Puerto Rico.
La casa de sus primos está en San Juan.
Hoy él está contento porque vuelve a visitar su isla natal.
Hay un vaivén de productos y de gente.
Carlos ve muchos edificios altos y modernos en su isla.
Hay una mezcla de las dos culturas—la hispánica y la norteamericana.
El vuelo a Puerto Rico no es muy largo.

Perspectivas

pasatiempo

Rearrange the letters below to form words. Then rearrange the circled letters to reveal three words that describe Puerto Rico.

1. A G R E L E _ (_) _ _ _ _
2. C E S A C A R I S O L (_) _ _ _ _ _ _ _ _ (_) _ _
3. R E P D C I Ó I O _ _ _ _ _ _ (_) _ _
4. B T Ú F L O _ _ (_) _ _ _
5. L L C E A _ (_) _ _ _
6. R R O A C (_) _ _ _ _
7. P E R E T O D _ _ _ (_) _ _ _
8. M Z E L A U R O (_) (_) _ _ _ _ _ _
9. C A B I L D O L O _ _ _ (_) _ (_) _ _ _
10. A I S T P (_) _ (_) _ _

_ _ _ _ _ _ _ _ _ _ _ _ _ _ _ _ _

Entrevista

¿Eres alto(a) o bajo(a)? ¿Eres guapo(a) o feo(a)? ¿Eres americano(a)? ¿De dónde eres? ¿Vives ahora en el país de dónde eres? ¿Dónde estás ahora? ¿Tienes tu libro de español? ¿Dónde está el libro? ¿Dónde está tu casa? ¿Es grande o pequeña tu casa? ¿Es antigua o moderna? ¿Tienes una televisión? ¿Dónde está la televisión? ¿Tienes un teléfono también? ¿Dónde está el teléfono?

¿Cómo estás hoy? ¿Estás contento(a) o estás triste? ¿Estás en la escuela ahora? ¿Estás con el (la) profesor(a) de español? ¿Estás con los otros alumnos también?

Resumen oral

12

Bases

1. Son Don Quijote y Sancho Panza.
   Don Quijote es un caballero andante.
   Sancho Panza es su escudero.
   Él lo ayuda.

2. Don Quijote monta a caballo.
   Sancho Panza monta un asno.
   Don Quijote es alto y flaco.
   Sancho Panza es bajo y gordo.
   Don Quijote tiene una lanza.

3. Son molinos de viento.
   Son aspas.
   Hace viento.
   El viento mueve las aspas.
   Las aspas son los brazos del molino.

un personaje una persona de un libro
una biblioteca un lugar donde hay muchos libros
malo el contrario de **bueno**
viejo el contrario de **joven**
distinto diferente
pobre el contrario de **rico**
el enemigo el contrario de **amigo**

la aventura	convertir	misterioso
la región	conquistar	
el gigante	decidir	

A. Answer each question with a complete sentence.

1. ¿Qué es don Quijote?
2. ¿Quién es su escudero?
3. ¿Lo ayuda Sancho?
4. ¿A qué monta don Quijote?
5. ¿Qué monta Sancho Panza?
6. ¿Cómo es don Quijote?
7. ¿Cómo es Sancho Panza?
8. ¿Qué tiene don Quijote?
9. ¿Tiene aspas un molino de viento?
10. ¿Hace viento?
11. ¿Qué mueve las aspas?
12. ¿Qué son las aspas?
13. ¿Dónde hay muchos libros?

B. True or false.

1. Las aspas hacen viento.
2. El asno y el caballo son animales.
3. La mano es una parte de la pierna.
4. Don Quijote es bajo y flaco.
5. Sancho Panza monta a caballo.
6. La persona de un libro es una biblioteca.

C. Complete each sentence with an appropriate word.

1. Hay muchos libros en una _______.
2. Un molino de viento tiene _______ y una persona tiene _______.
3. Una persona de un libro es un _______.
4. No es bueno; es _______.
5. El viento _______ las aspas del molino.

D. Give the opposite of each of the following words.

1. alto
2. bueno
3. corto
4. gordo
5. joven
6. amigo
7. pobre

La bonita región de La Mancha

ESTRUCTURAS

Los pronombres objetivos

Lo

A. Repitan.

Leo el libro. Lo leo.
Compro el pan. Lo compro.
Don Quijote ataca el molino. Lo ataca.
Veo a Enrique. Lo veo.

B. Contesten según el modelo.

¿Lee Juan el libro?
Sí, Juan lo lee.

¿Lee Carmen el periódico?
¿Tiene Carlos el boleto?
¿Ataca el molino don Quijote?
¿Ve el libro Teresa?
¿Lees el periódico?
¿Miras el libro?
¿Compras el pan?
¿Hablas español?
¿Comes el bocadillo?
¿Preparas el almuerzo?
¿Pones el libro en la mesa?
¿Ves a Juan?
¿Ves a Enrique?
¿Ves al muchacho?

La

C. Repitan.

Veo la camisa. La veo.
Compro la blusa. La compro.
Veo a Elena. La veo.

Estatua de don Quijote y Sancho Panza en Madrid

D. Contesten según el modelo.

> ¿Toca Juan la guitarra?
> Sí, Juan la toca.

¿Compra María la blusa?
¿Compra Tomás la camisa?
¿Mira Elena la televisión?
¿Come Carmen la ensalada?
¿Tira la pelota Paco?
¿Abre la boca Juan?
¿Examina la garganta el médico?
¿Toma la pastilla Enrique?
¿Tiene la maleta Elena?

¿Tocas la guitarra?
¿Miras la televisión?
¿Ves la iglesia?
¿Preparas la comida?
¿Compras la casa?
¿Ves a María?
¿Ves a Teresa?
¿Ves a la muchacha?
¿Ves a tu amiga?

Los

E. Repitan.

Don Quijote ataca los molinos.
Don Quijote los ataca.
Él lee los libros. Él los lee.
Él ve a los gigantes. Él los ve.

F. Contesten según el modelo.

> ¿Ataca don Quijote los molinos?
> Sí, don Quijote los ataca.

¿Come los bocadillos Enrique?
¿Tiene los boletos la madre?
¿Vende los boletos el empleado?
¿Ves los puestos?
¿Visitas los pueblos?
¿Lees los libros?
¿Compras los periódicos?
¿Ves a Juan y a Enrique?
¿Ves a tus amigos?
¿Ves a tus hermanos?

Las

G. Repitan.

Paco toma las pastillas. Paco las toma.
María compra las maletas. María las compra.
Veo a mis primas. Las veo.

H. Contesten según el modelo.

> ¿Comes papas?
> Sí, las como.

¿Preparas las comidas?
¿Compras las blusas?
¿Tienes las maletas?
¿Tiene aventuras don Quijote?
¿Ves a María y a Carmen?
¿Ves a tus primas?
¿Ves a tus amigas?

Don Quijote quiere tener aventuras

Reglas

In Spanish the direct object pronoun agrees with the noun it replaces. The object pronouns precede the verb. Study the following sentences.

Don Quijote tiene el caballo.	Don Quijote tiene la lanza.
Don Quijote lo tiene.	Don Quijote la tiene.
Don Quijote ataca los molinos.	Don Quijote tiene las aventuras.
Don Quijote los ataca.	Don Quijote las tiene.

¿Es un molino o un gigante?

Aplicación escrita

I. Rewrite each sentence substituting an object pronoun for the italicized words.

1. Juan tiene *el accidente*.
2. ¿Quién prepara *la ensalada?*
3. Juan ve *a sus amigos*.
4. María compra *el traje de baño*.
5. Las muchachas leen *el libro*.
6. Miramos *la televisión*.
7. Juan come *el bocadillo*.
8. Pongo *las maletas* en el baúl del carro.
9. Elena compra *los boletos* en la ventanilla.
10. Ellos traen *la comida*.
11. Esperamos *el tren* en el andén.
12. Vemos *la película* en el cine.
13. Juan abre *la boca*.
14. El médico examina *la garganta*.
15. Carlos lee *los periódicos*.
16. Teresa llama *a su hermano*.
17. Ella abre *la puerta*.

El caballero andante se cae herido

Las palabras negativas

A. Repitan.

Algo está en la mesa.
Nada está en la mesa.
Don Quijote ve algo.
Don Quijote no ve nada.

B. Contesten según el modelo.

¿Tienes algo en la boca?
Sí, tengo algo en la boca.
No, no tengo nada en la boca.

¿Hay algo en la mesa?
¿Hay algo en la tienda?
¿Comes algo?
¿Lees algo?
¿Vas a comprar algo?
¿Ve algo don Quijote?
¿Ataca algo don Quijote?
¿Quiere algo Anita?

C. Repitan.

Alguien habla.
Nadie habla.
Hay alguien en la biblioteca.
No hay nadie en la biblioteca.

D. Contesten según el modelo.

¿Habla alguien?
Sí, alguien habla.
No, nadie habla.

¿Mira alguien la televisión?
¿Habla alguien?
¿Llama alguien por teléfono?
¿Monta alguien a caballo?
¿Come alguien en el comedor?
¿Hay alguien en la cocina?
¿Sale alguien?

E. Repitan.

Siempre hay mucha gente en la playa.
Nunca hay mucha gente en la playa.
Siempre hace calor.
Nunca hace calor.

F. Contesten según el modelo.

¿Nadas en el verano?
Sí, siempre nado en el verano.
No, nunca nado en el verano.

¿Esquías en el invierno?
¿Juegas al fútbol?
¿Saludas a la profesora?
¿Preparas las comidas?
¿Tiene aventuras don Quijote?
¿Estudia María en la biblioteca?
¿Come la familia en el comedor?

Don Quijote lee muchos libros de caballeros andantes

Reglas

Study the following words.

algo	*something*	nada	*nothing*
alguien	*someone*	nadie	*no one*
siempre	*always*	nunca	*never*

The negative words **nada, nadie,** and **nunca** can be used alone or with **no.** If **no** is used, it precedes (comes before) the verb and **nada, nadie,** or **nunca** follow the verb. If **no** is omitted, they precede the verb.

Nada veo.	Nadie habla.	Nunca voy a la playa.
No veo nada.	No habla nadie.	No voy nunca a la playa.

Aplicación escrita

G. Rewrite each sentence in the negative.

1. Algo está en la biblioteca.
2. Don Quijote siempre tiene aventuras.
3. Alguien lee el libro.
4. Siempre hace frío allí.
5. Carlos tiene algo en la mano.
6. Alguien llama por teléfono.
7. Sancho ve algo.
8. Don Quijote siempre escucha.

ESCENAS

Don Quijote y los molinos de viento

El Quijote es un libro famoso de España. En el libro hay dos personajes importantes. Son don Quijote y Sancho Panza.

Don Quijote es un caballero andante. Es de una región de España, la Mancha. La Mancha no está muy lejos de Madrid.

Sancho Panza es el escudero de don Quijote. Él ayuda mucho al caballero andante.

En su casa don Quijote tiene una biblioteca. En la biblioteca tiene muchos libros de caballeros andantes. Don Quijote lee todos los libros y se vuelve loco. Decide que quiere tener aventuras como los otros caballeros. Quiere conquistar todo el mal que existe en el mundo.

se vuelve loco *he goes crazy*
conquistar *to conquer*
mal *evil*

Un día, decide salir de casa. Sancho Panza sale con él. Don Quijote y Sancho Panza son dos personas muy distintas. Don Quijote es alto y flaco. Sancho Panza es bajo y gordo. Don Quijote monta a caballo. El caballo de don Quijote es muy flaco y viejo. Lo llama Rocinante. Sancho Panza no tiene caballo. Él monta un asno.

Un día, en un lugar de la Mancha don Quijote ve algo misterioso.

El pobre Sancho no puede cambiar la idea que tiene don Quijote. El caballero andante ataca los molinos. En el momento en que don Quijote los ataca, un viento fuerte mueve las aspas del molino. Para don Quijote no son aspas. Son los brazos del gigante. Pone su lanza en el aspa, el viento mueve el aspa y levanta a don Quijote. El pobre don Quijote se cae herido.

cambiar *to change*
levanta *raises, picks up*
herido *injured*

¡Ay! ¡Don Quijote! Nunca escuchas. ¿Por qué quieres atacar los molinos de viento? ¿No ves ahora que son molinos de viento y no gigantes?

Sí, Sancho. Ahora son molinos. Pero tú no comprendes nada. Yo tengo un enemigo malo. Y el enemigo convierte los gigantes en molinos.

ADAPTED FROM MIGUEL DE CERVANTES SAAVEDRA

PREGUNTAS

1. ¿Cuál es un libro famoso de España?
2. ¿Cuántos personajes importantes hay en el libro?
3. ¿Quiénes son?
4. ¿Qué es don Quijote?
5. ¿De dónde es él?
6. ¿Dónde está la Mancha?
7. ¿Quién es Sancho Panza?
8. ¿Ayuda Sancho mucho a don Quijote?
9. ¿Qué tiene don Quijote en su casa?
10. ¿Qué libros tiene en la biblioteca?
11. ¿Los lee don Quijote?
12. ¿Cómo se vuelve?
13. ¿Qué quiere tener don Quijote?
14. ¿Qué quiere conquistar?

15. Un día, ¿de dónde sale don Quijote?
16. ¿Quién sale con él?
17. ¿Cómo es don Quijote?
18. ¿Cómo es Sancho Panza?
19. ¿A qué monta don Quijote?
20. ¿Cómo es el caballo de don Quijote?
21. ¿Tiene caballo Sancho?
22. ¿Qué monta él?
23. Un día, ¿qué ve don Quijote?
24. ¿Qué va a atacar don Quijote?
25. ¿Ve Sancho Panza los gigantes?
26. ¿Qué ve Sancho?
27. ¿Puede Sancho cambiar la idea que tiene don Quijote?
28. Cuando don Quijote ataca los molinos, ¿qué mueve las aspas?
29. ¿Son aspas para don Quijote?
30. Para él, ¿qué son?
31. ¿Habla Sancho con don Quijote?
32. ¿Escucha don Quijote?
33. ¿Qué tiene don Quijote?
34. ¿Quién convierte los gigantes en molinos de viento?

Answer the following questions in paragraph form.

¿De dónde es don Quijote?
¿Cómo es don Quijote?
¿Qué tiene en su casa?
¿Qué lee él siempre?
¿Cómo se vuelve?
¿Qué quiere tener don Quijote?
¿Cómo es Sancho?
¿A qué monta don Quijote?
¿Cómo es su caballo?
¿Qué monta Sancho?
Un día, ¿qué ataca don Quijote?
Para don Quijote, ¿qué son los molinos?

Perspectivas

pasatiempo

Fill in the missing letters in each word on the left, using the letters given in the picture on the right. Each time you use a letter, color in that area of the picture whose letter you have used. If you fill in each word with the correct letters, you will have discovered *un personaje famoso* in the illustration.

1. E S ___ U D ___ R O
2. V I ___ ___ T O
3. P ___ N E ___
4. F ___ A ___ O
5. ___ ___ B ___ I O ___ E C ___
6. ___ ___ J O
7. ___ Y U D ___ R
8. ___ I S T I ___ T O
9. G ___ G ___ ___ T E
10. M ___ L ___ ___ O

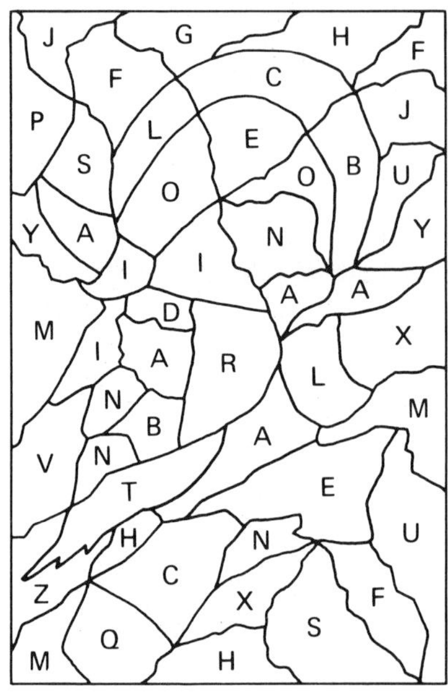

Entrevista

¿Hay una biblioteca en tu escuela? ¿Es grande o pequeña la biblioteca? ¿Hay muchos libros en la biblioteca? ¿Vas mucho a la biblioteca? ¿Lees mucho o poco? ¿Lees siempre, a veces o nunca? ¿Lees libros interesantes? ¿Los lees en la biblioteca o en casa? ¿Hay siempre mucha gente en la biblioteca? ¿Ves a tus amigos(as) allí?

¿Hace buen (mal) tiempo hoy? ¿Hace sol? ¿Hace calor? ¿Hace frío? ¿Hace viento? ¿Siempre hace viento en el invierno? ¿Siempre hace frío? ¿Siempre hace calor en el verano? ¿Vas a la playa en el verano? ¿Vas siempre allí?

Resumen oral

13

Bases

1. El trigo crece.
   El trigo es amarillo.
   Las olivas brotan.
   Las olivas son verde gris.
   El cielo es azul.

2. Hay una fuente en la plaza.
   Las flores brotan alrededor de la fuente.
   El agua cae de la fuente.

3. Los toros corren tras los hombres.
   Corren por la calle.
   La calle es ancha.
   No es estrecha.
   Llegan a la plaza de toros.

4. Los cuadros están en el museo.

el idioma la lengua
montañoso donde hay muchas montañas
dar el contrario de **recibir**
mundial del mundo
hacer las compras ir a la tienda para comprar algo
una gira un viaje, un tour

el contraste
el color
el tono
la fama
la impresión
la avenida

entero

A. Answer each question based on the model sentence.

1. El trigo crece en los campos amarillos.
   ¿Qué crece en los campos?
   ¿De qué color son los campos?
   ¿Dónde crece el trigo?
   ¿De qué color es el trigo?
   ¿Por qué son amarillos los campos?
2. Las flores brotan alrededor de una fuente en la plaza del pueblo.
   ¿Qué brotan?
   ¿Dónde brotan las flores?
   ¿Dónde está la fuente?
   ¿Dónde está la plaza?
3. Los toros corren por las calles tras los hombres.
   ¿Qué corren por las calles?
   ¿Dónde corren los toros?
   ¿Tras quiénes corren?
4. Hay tiendas y cines en las avenidas anchas de las grandes ciudades.
   ¿Qué hay en las avenidas?
   ¿Cómo son las avenidas?
   ¿Dónde hay avenidas anchas?
   ¿Cómo son las ciudades?

B. Answer each question with a complete sentence.

1. ¿Es el español un idioma?
2. ¿Cuántos idiomas hablas?
3. ¿Es montañoso donde vives?
4. ¿Dónde haces las compras?
5. ¿Cuál es tu color favorito?
6. ¿De dónde cae el agua?

C. Complete each sentence with an appropriate word.

1. Las ______ brotan en el olivar.
2. Las olivas son ______.
3. El cielo es ______.
4. El trigo es ______.
5. Las flores son ______ y ______.
6. Los toros corren ______ los hombres.
7. En un museo hay muchos ______.
8. El inglés es un ______.
9. Ellos ______ ___ ______ en el mercado de la Merced.
10. ¿Es ______ o estrecha la avenida?

Barcelona es una ciudad grande

ESTRUCTURAS

Los adjetivos demostrativos

Este, ese, aquel

A. Repitan.

Este libro aquí es interesante.
Ese libro allí es más interesante.
Aquel libro allá es el más interesante.

B. Contesten.

¿Es interesante este libro?
¿Y ese libro? ¿Es más interesante?
¿Y aquel libro? ¿Es el más interesante?
¿Es alto este muchacho?
¿Y ese muchacho? ¿Es más alto?
¿Y aquel muchacho? ¿Es el más alto?
¿Es bonito este cuadro?
¿Y ese cuadro allí? ¿Es más bonito?
¿Y aquel cuadro allá? ¿Es el más bonito?

Esta, esa, aquella

C. Repitan.

Esta blusa es blanca.
Esa blusa es verde.
Aquella blusa es azul.

D. Contesten.

¿De qué color es esta camisa?
¿De qué color es esa camisa?
¿De qué color es aquella camisa?
¿Qué hay en esta mesa?
¿Qué hay en esa mesa?
¿Qué hay en aquella mesa?

Estos, esos, aquellos

E. Repitan.

Estos libros son interesantes.
Pero esos libros son más interesantes.
Y aquellos libros son los más interesantes.

F. Contesten.

¿De quién son estos libros?
¿De quién son esos libros?
¿De quién son aquellos libros?
¿Son altos estos muchachos?
¿Son altos esos muchachos?
¿Son altos aquellos muchachos?

Estas, esas, aquellas

G. Repitan.

Estas casas son grandes.
Esas casas son más grandes.
Aquellas casas son las más grandes.

H. Contesten.

¿Hay algo en estas mesas?
¿Hay algo en esas mesas?
¿Hay algo en aquellas mesas?
¿Son anchas estas avenidas?
¿Son anchas esas avenidas?
¿Son anchas aquellas avenidas?

MINISTERIO DE CULTURA
PATRONATO NACIONAL DE MUSEOS
218401
ENTRADA
A MUSEOS
Sello del Museo
CINCUENTA PESETAS

Reglas

Este, ese, and **aquel** are demonstrative adjectives. They are called demonstrative adjectives because they are used to indicate where something or someone is. **Este** means *this* in English and is used to indicate an object that is near the person who is speaking. You will note that **este** has four forms. Study the following.

este libro	estos libros
esta blusa	estas blusas

In Spanish there are two ways to express *that*. **Ese** indicates that the object is near the person spoken to and not extremely distant. **Aquel** indicates that the object is off in the distance. Note that each of these adjectives also has four forms.

ese libro	esos libros
esa blusa	esas blusas
aquel libro	aquellos libros
aquella blusa	aquellas blusas

La corrida empieza

Aplicación escrita

I. Complete each sentence with the appropriate form of the cued adjective.

1. ________ blusa es bonita. **Este**
2. ________ aviones son nuevos. **Aquel**
3. ________ montañas son altas. **Este**
4. ________ pasajero no tiene su boleto. **Aquel**
5. ________ islas son tropicales. **Este**
6. Tengo que leer ________ libros. **ese**
7. Queremos visitar ________ región. **aquel**
8. No queremos comprar ________ maletas. **ese**
9. Hay una biblioteca en el centro de ________ pueblo. **aquel**
10. Hay avenidas anchas en ________ ciudad. **este**

El verbo **dar**

A. Repitan.

Yo doy el libro a Juan.
Yo doy la carta a mi primo.

B. Contesten.

¿Das el libro a Juan?
¿Das el bocadillo a tu hermano?
¿Das la carta a Elena?
¿Das el periódico a tu madre?
¿Das el boleto a Enrique?

C. Contesten.

¿Da Juan el libro a Carlos?
¿Da María el periódico a su padre?
¿Da Felipe la carta a María?

¿Dan ellas el periódico a su padre?
¿Dan ellos los regalos a sus amigos?
¿Dan ellas el libro a María?

¿Dan Uds. el libro a Paco?
¿Dan Uds. las maletas a Elena?
¿Dan Uds. el boleto al señor?

Las Ramblas, Barcelona

D. Sigan las instrucciones.

Pregúntele a un muchacho si da el dinero al empleado.
Pregúntele a una muchacha qué da al empleado.
Pregúntele a un muchacho si da el periódico a su madre.

Pregúntele a la señorita si da el regalo a Paco.
Pregúntele a la señora cuándo da el regalo a Paco.

Pregúnteles a los muchachos si dan la limonada a Teresa.
Pregúnteles a las muchachas a quién dan la limonada.

Reglas

The verb **dar** is conjugated the same as the verb **ir.** Study the following forms.

	dar
yo	doy
tú	das
él, ella, Ud.	da
nosotros	damos
(vosotros)	(dais)
ellos, ellas, Uds.	dan

Aplicación escrita

E. Complete each sentence with the appropriate form of the verb *dar*.

1. Yo ______ el libro a María.
2. María ______ la carta a su abuela.
3. Nosotros ______ los boletos a Paco.
4. ¿Quién ______ el periódico a mamá?
5. ¿______ tú los regalos a Carmen?
6. Ellos ______ la carta al señor.
7. Yo ______ la comida a mi hermano.
8. ¿Quién ______ los periódicos a Pablo?

ESCENAS

Una gira turística

España es uno de los países más bonitos del mundo. Es un país de contrastes y de colores. El paisaje es verde en el norte donde llueve mucho. En el centro donde crece el trigo es amarillo. Y en el sur los olivares dan al paisaje un tono verde gris.

paisaje *landscape*

España es un país montañoso. ¿Quieres esquiar? ¿Por qué no vas a España? Allí puedes esquiar en la Sierra de Guadarrama en el centro o en los picos de la Sierra Nevada en el sur.

¿Eres aficionado(a) al mar? Luego España es tu país. Es una península y así tiene agua a los tres lados. En toda su costa hay playas fabulosas donde la gente nada, toma el sol o esquía en el agua.

¿Eres aficionado(a) al arte? Luego tienes que visitar el Prado, aquel museo famoso en el mundo entero. Allí puedes ver los cuadros de Goya, Velázquez y el Greco, artistas españoles de fama mundial.

Mientras estás en España, ¿por qué no visitas uno de sus muchos pueblos pintorescos? Córdoba da la impresión de ser una pintura de un museo. Las casas blancas brillan bajo el sol fuerte y el cielo azul. En las plazas pequeñas brotan flores alrededor de una fuente bonita.

Mientras *While*
pintura *painting*
bajo *under*

Si quieres hacer las compras, puedes ir a Madrid o a Barcelona, las grandes ciudades de España. En las avenidas anchas hay tiendas, restaurantes, hoteles, cines y museos.

Y España es también el país de las fiestas. El siete de julio es el día de San Fermín. En el pueblo de Pamplona, los toros corren tras los hombres. Por fin llegan a la plaza de toros y empieza una corrida. ¡Y qué corrida!

Por fin *Finally*

Sí, España es un país que tiene algo para todos. ¿Por qué no vamos a España? Hablamos castellano, el idioma de su gente.

PREGUNTAS

1. ¿Cuál es uno de los países más bonitos del mundo?
2. ¿Por qué es verde el paisaje en el norte?
3. ¿Qué color es en el centro?
4. ¿Qué dan al paisaje un tono verde gris en el sur?
5. ¿Es España un país montañoso?
6. ¿Dónde podemos esquiar?
7. ¿Por qué tiene España agua a tres lados?
8. ¿Qué hace la gente en las playas de España?
9. ¿Cuál es el museo famoso de España?
10. ¿De qué color son las casas de Córdoba?
11. ¿Dónde brotan las flores?
12. ¿Cuáles son dos ciudades grandes de España?
13. ¿Qué hay en las avenidas anchas de las ciudades?
14. ¿Qué es el siete de julio?
15. ¿Adónde van los toros que corren tras los hombres?
16. ¿Qué idioma hablamos?

Write two sentences about each of the following.

el paisaje de España
las montañas y las playas en España
el Museo del Prado
Córdoba
Madrid y Barcelona
los toros de Pamplona

MESA RESERVADA
RESTAVRANTE
ANTIGVA CASA
SOBRINO DE
BOTIN
(1725)
TELEF. 266 42 17
MADRID-12-
CVCHILLEROS, 17

Perspectivas

pasatiempo

In the following crucigram, there are 37 Spanish words that you have already learned. On a separate sheet of paper, write the letters of the crucigram. Then circle each word you can find. The words can go from left to right, from right to left, from the top down, or from the bottom up.

P	O	F	U	E	N	T	E	T	E	I	S
F	I	L	N	A	D	R	E	G	A	L	O
A	R	O	P	R	E	P	A	R	A	R	S
M	A	R	I	T	P	I	N	T	U	R	A
A	V	E	N	I	D	A	O	D	I	U	R
H	E	S	T	S	A	S	A	Z	A	L	P
C	N	C	O	T	R	I	G	O	N	A	M
E	T	I	R	A	G	U	A	S	P	A	O
R	U	T	E	T	S	A	R	T	N	O	C
T	R	A	S	O	L	L	Ú	A	B	R	A
S	A	Z	C	M	C	U	A	D	R	O	D
E	N	A	O	A	R	I	G	R	I	S	A

Entrevista

¿Quieres ir a España? Si vas a España, ¿quieres ir en avión? ¿Quieres esquiar allí? ¿Puedes esquiar en España? ¿Dónde puedes esquiar en España? ¿Eres aficionado(a) al mar? ¿Hay muchas playas en España? ¿Quieres ir a una playa en España? ¿Qué haces cuando vas a la playa? ¿Con quién vas a la playa? Si vas a España, ¿con quién quieres ir? Si vas a España o a otro país, ¿quieres visitar las ciudades o los pueblos? ¿Eres aficionado(a) al arte? ¿Vas a veces a un museo? ¿A qué museo vas? ¿Cuál es el museo famoso de España? ¿Eres aficionado(a) al cine? ¿Vas mucho al cine? ¿Hablas español? ¿Hablan español los españoles? ¿Puedes hablar con los españoles?

Resumen oral

14

Bases

1. La tierra es árida.
   No hay mucha vegetación.
   Hay rocas y piedras por todas partes.
   La llama lleva muchas cosas.
   Lleva la carga.
   El señor anda a pie.

2. Es una selva tropical.
   La vegetación es densa.
   La muchacha corta una senda
   Corta la senda con un machete.
   Otra muchacha rema una canoa.

3. Es una casa de madera.
   La casa está construída sobre troncos.
   Está en las orillas del río.
   Hay una escalera.

diario de todos los días
el compañero una persona que va con alguien; lo acompaña
viajar hacer un viaje; ir a un país o a una región diferente

---

la influencia
la zona
la geografía
el (la) compatriota

constante
andino

entrar

A. **Answer each question with a complete sentence.**

1. Si la tierra es árida, ¿hay mucha vegetación?
2. ¿Qué hay por todas partes?
3. ¿Qué lleva la llama?
4. ¿Cómo anda el señor?
5. ¿Hay vegetación densa en una selva tropical?
6. ¿Qué corta la muchacha?
7. ¿Con qué corta la senda?
8. ¿Qué rema otra muchacha?
9. ¿De qué es la casa?
10. ¿Sobre qué está construída la casa?
11. ¿Dónde está la casa?
12. ¿Tiene una escalera la casa?
13. ¿Viaja mucha gente en avión hoy?

B. **Guess the word being defined.**

1. un animal de las montañas que es más pequeño que un caballo
2. productos que crecen de la tierra
3. algo que usamos para subir y bajar
4. una parte de un árbol
5. una parte de la pierna
6. donde hay muchos árboles y mucha vegetación
7. un amigo que acompaña a alguien
8. de siempre

C. Complete each sentence with an appropriate word.

1. Donde no llueve, la tierra es ______ .
2. La ______ es un animal que vive en los Andes.
3. La vegetación es densa en una ______ tropical.
4. La muchacha no anda ______ . ______ una canoa.
5. No es una casa de piedra. Es una casa de ______ .
6. La casa está construída sobre ______ .

D. Write as many sentences as you can about the photograph.

ESTRUCTURAS

El verbo saber

A. Repitan.

Yo sé la lección.
Yo sé el vocabulario.
Yo sé donde está Madrid.

La vegetación es densa en la selva tropical—Venezuela

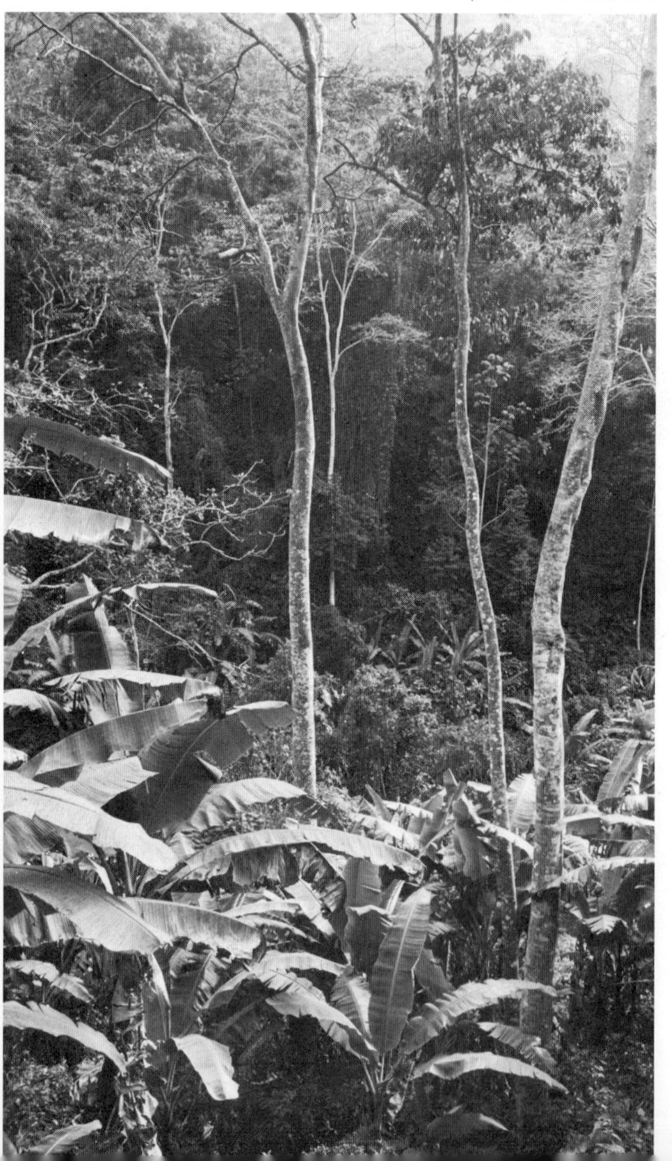

B. Contesten.

¿Sabes la lección?
¿Sabes las palabras?
¿Sabes el número de teléfono?
¿Sabes el número del vuelo?
¿Sabes dónde está el Amazonas?
¿Sabes dónde están los Andes?
¿Sabes bailar?
¿Sabes nadar?
¿Sabes tocar la guitarra?
¿Sabes remar una canoa?
¿Sabes hacer tu ropa?

C. Contesten.

¿Sabe Juan la lección?
¿Sabe María el vocabulario?
¿Sabe mucho Carlos?

¿Saben ellos el número de teléfono?
¿Saben ellas dónde está la ventanilla?
¿Saben ellas jugar al tenis?
¿Saben Uds. la palabra?
¿Saben Uds. leer?
¿Saben Uds. tocar la guitarra?

D. Sigan las instrucciones.

Pregúntele a un muchacho si sabe el número de teléfono.
Pregúntele a una muchacha si sabe dónde está Puerto Rico.
Pregúntele a una muchacha si sabe tocar la guitarra.

Pregúntele al señor si sabe montar a caballo.
Pregúntele a una señora si sabe remar una canoa.

Pregúnteles a los muchachos si saben esquiar.
Pregúnteles a las muchachas si saben jugar al tenis.

Reglas

The verb **saber** means *to know* in the sense of knowing something relatively simple, such as a fact. When followed by an infinitive, the verb **saber** has the meaning *to know how.* The verb **saber** is regular in all forms except the first person singular **yo.**

	saber
yo	sé
tú	sabes
él, ella, Ud.	sabe
nosotros	sabemos
(vosotros)	(sabéis)
ellos, ellas, Uds.	saben

Aplicación escrita

E. Complete each sentence with the appropriate form of the verb ***saber.***

1. Yo _______ la lección.
2. Yo _______ donde está el Amazonas.
3. ¿_______ tú bailar?
4. Ellos no _______ esquiar.
5. Carlos _______ jugar al fútbol.
6. ¿_______ Ud. el número de teléfono?
7. Yo _______ donde viven.
8. María _______ el número del vuelo.
9. Nosotros _______ leer.

Una casa lacustre en Colombia

El verbo **conocer**

A. Repitan.

Yo conozco a José.
Conozco a María.
Conozco el arte de España.

B. Contesten.

¿Conoces a José?
¿Conoces a María?
¿Conoces al amigo de Paco?
¿Conoces a la amiga de Carmen?
¿Conoces la música?
¿Conoces la historia de España?
¿Conoces el arte?

C. Contesten.

¿Conoce Juan a Elena?
¿Conoce él a Teresa también?
¿Conoce Paco a la señorita López?

¿Conocen Carlos y Anita a Enrique?
¿Conocen ellos al profesor de español?
¿Conocen ellas la historia del Perú?

¿Conocen Uds. a José?
¿Saben Uds. que José vive en los Andes?
¿Conocen Uds. a María?
¿Saben Uds. que María vive en las orillas del Amazonas?

D. Sigan las instrucciones.

Pregúntele a un amigo si conoce a José.
Pregúntele a una amiga si conoce la ciudad.
Pregúntele al señor si conoce el arte de España.
Pregúnteles a los amigos si conocen al profesor Pérez.
Pregúnteles a las amigas si conocen la historia de España.

Reglas

The verb **conocer** means *to know* in the sense *to be acquainted with.* In contrast to **saber,** it is used with something more complex such as a person, art, or literature. The verb **conocer** is regular in all forms except the first person singular **yo.**

	conocer
yo	conozco
tú	conoces
él, ella, Ud.	conoce
nosotros	conocemos
(vosotros)	(conocéis)
ellos, ellas, Uds.	conocen

Una zona montañosa en Bolivia

Aplicación escrita

E. Complete each sentence with the appropriate form of the verb *conocer.*

1. Yo _______ a Juan.
2. Yo _______ a María también.
3. Nosotros no _______ la historia de España.
4. Teresa _______ el arte de México.
5. Ellos _______ a la familia de Juan.
6. Nosotros _______ a Lidia.
7. Yo _______ al señor Flores.
8. ¿_______ tú al médico?

F. Complete each sentence with the appropriate form of the verb *saber* or *conocer.*

1. Yo _______ la palabra.
2. Nosotros _______ a María.
3. Carlos _______ esquiar.
4. Ellos _______ la lección.
5. Yo _______ leer.
6. ¿_______ tú a Enrique?
7. Ella _______ el arte de México.
8. Nosotros _______ que el Amazonas está en la América del Sur.
9. Ellos _______ la música mexicana.
10. Sí, yo _______ a Enrique.

G. Complete the following paragraph with the appropriate forms of the verb *saber* or *conocer.*

Yo _______ a María. Yo _______ que ella vive muy cerca de la escuela. Yo _______ que ella _______ esquiar muy bien. Ella _______ a un muchacho que vive en la Argentina. Yo _______ que a veces ella va a la Argentina para visitar a su amigo y esquiar con él. ¿_______ tú esquiar también? ¿Quieres _______ al amigo de María?

El verbo decir

Tercera persona singular

A. Repitan.

Juan dice que sí.
Él dice que sí.

B. Contesten.

¿Dice algo Juan?
¿Dice don Quijote que los molinos son gigantes?
¿Dice Carlos que él está enfermo?

Tercera persona plural

C. Repitan.

Juan y Enrique dicen que no.
María y Elena dicen que van a España.

D. Contesten.

¿Dicen algo Juan y Carlos?
¿Dicen que la avenida es ancha?
¿Dicen que la película es buena?

Primera persona singular

E. Repitan.

Digo que es tarde.
Digo que tengo el número de teléfono.

F. Contesten.

¿Dices que ella es inteligente?
¿Dices que él está enfermo?
¿Dices que él lo sabe?
¿Dices que él la conoce?
¿Dices que la familia tiene suerte?
¿Dices que hoy es tu cumpleaños?

Segunda persona singular

G. Repitan.

¿Dices que ella va a la fiesta?
¿Dices que él está aquí?

H. Sigan las instrucciones.

Pregúntele a una muchacha si dice algo.
Pregúntele a un muchacho si dice que Madrid está en España.
Pregúntele a una muchacha si dice que Puerto Rico es una isla bonita.

Primera persona plural

I. Repitan.

Nosotros decimos que sí.
Decimos que María es inteligente.

J. Contesten.

¿Dicen Uds. que ella es la profesora?
¿Dicen Uds. que él está aquí?
¿Dicen Uds. que el aeropuerto está lejos?
¿Dicen Uds. que la estación está en el centro?
¿Dicen Uds. que el avión va a despegar?
¿Dicen Uds. que el tren va a salir?

La avenida es ancha y moderna—Montevideo, Uruguay

Casas en un pueblo de Bolivia

Reglas

Study the following forms of the verb **decir.** Be sure to note the various stem changes.

	decir
yo	digo
tú	dices
él, ella, Ud.	dice
nosotros	decimos
(vosotros)	(decís)
ellos, ellas, Uds.	dicen

Aplicación escrita

K. Complete each sentence with the appropriate form of the verb *decir*.

1. Yo _______ que sí.
2. Yo _______ que la geografía tiene mucha influencia en la vida diaria de la gente.
3. Ellos _______ que hay muchas casas a las orillas del río.
4. Él _______ que hace mucho frío en las montañas.
5. El profesor _______ que la vegetación es muy densa en la selva tropical.
6. Nosotros _______ que el vuelo a Lima es largo.
7. Ellas _______ que cortan una senda con un machete.
8. ¿_______ Uds. que saben remar una canoa?
9. ¿_______ tú que la llama es un animal andino?
10. Yo _______ que quiero hacer un viaje a la América del Sur.

ESCENAS

¿Qué sabemos de la geografía?

El estudio de la geografía puede ser muy interesante. ¿Por qué? Porque la geografía tiene mucha influencia en la vida diaria de la gente. Vamos a ver la influencia que tiene en la vida de dos jóvenes que viven en distintas partes de la América del Sur.

¿Conocen Uds. a José? ¿Saben algo de su vida? Dicen que no. No lo conocen. Pues, lo vamos a conocer ahora.

José es un muchacho indio. Él vive en los Andes. En la zona montañosa donde vive hace mucho frío. (Ya sabemos que mientras más alto subimos las montañas, más frío hace.) Así, José tiene que llevar ropa muy gruesa. ¿Va él a una tienda a comprar la ropa? No, porque en los pueblos pequeños de los picos andinos no hay tiendas. ¿Por qué no? Porque no hay carreteras ni ferrocarriles. Así los productos de otras partes del mundo no llegan a estos pueblos andinos. José y sus amigos tienen que hacer su propia ropa. La hacen de las pieles y de la lana de las llamas. La llama es el compañero constante de José y de sus amigos. Cuando viajan, andan a pie y las llamas llevan las cosas que necesitan.

gruesa *thick*
ni *nor*
propia *own*
las pieles *skins*
la lana *wool*

¿Y en qué tipo de casa vive José? Es una casa de piedra. Él y sus amigos hacen la casa de las rocas que encuentran en las montañas. En las montañas hay muchas rocas. La tierra es muy árida y hay poca vegetación. Pero cuando no hay nieve, los indios cultivan papas y maíz.

nieve *snow*

Y ahora vamos a conocer a María. Ella vive en una selva tropical en las orillas del río Amazonas. Donde vive María hace mucho calor y llueve mucho. Ella no necesita mucha ropa como José. Y para ella es fácil encontrar comida porque en las selvas hay mucha vegetación. Como hay mucha vegetación ella siempre viaja con un machete. Con el machete corta una senda en la vegetación. Y cuando llega a la orilla del río rema en una canoa.

¿Y la casa de María? ¿Es de piedra? No. Ella vive en una casa lacustre. Está construída de la madera de las palmas. Tiene techo de paja. Y está construída sobre troncos. Así cuando suben las aguas del río, el agua no puede entrar en la casa. Hay una escalera para subir a la casa o bajar de la casa.

Ahora sabemos que la geografía tiene mucha influencia en la vida de mucha gente. La vida de José en los Andes y la vida de María en la selva contrastan mucho con la vida de Uds., ¿no? Y contrasta mucho con la vida de sus compatriotas que viven en las grandes ciudades de la América del Sur como Lima, Quito, Caracas, Buenos Aires y Santiago de Chile.

PREGUNTAS ¿?

1. ¿Tiene la geografía mucha influencia en la vida diaria de la gente?
2. ¿Quién es José?
3. ¿Dónde vive él?
4. ¿Qué tiempo hace donde vive?
5. ¿Qué tipo de ropa tiene que llevar José?
6. ¿Compra él su ropa en una tienda?
7. ¿Por qué no llegan productos de otras partes del mundo?
8. ¿Con qué hacen José y sus amigos la ropa?
9. Cuando viajan José y sus amigos, ¿andan a pie?
10. ¿Los acompañan las llamas?
11. ¿De qué es la casa de José?
12. ¿De qué hacen la casa?
13. ¿Hay mucha o poca vegetación donde vive José?
14. ¿Qué cultivan los indios?
15. ¿Dónde vive María?
16. ¿Qué tiempo hace en la selva tropical?
17. ¿Necesita María mucha ropa?
18. ¿Hay mucha vegetación en la selva?
19. ¿Con qué viaja María siempre?
20. ¿Qué hace con el machete?
21. ¿Cómo viaja ella cuando llega a la orilla del río?
22. ¿De qué es la casa de María?
23. ¿Sobre qué está construída? ¿Por qué?
24. ¿Qué hay para subir a la casa o bajar de la casa?
25. ¿Es muy diferente tu vida de la vida de José y María?
26. ¿Contrasta la vida de José y María con la vida de los jóvenes que viven en las grandes ciudades de la América del Sur?

El señor viaja en canoa

Avenida 9 de Julio—Buenos Aires, Argentina

Composición

Describe each of the following.

la casa de María
la casa de José
la ropa de María
la ropa de José
el clima en las selvas tropicales
el clima en las zonas montañosas

Perspectivas

crucigrama

Complete the following crossword puzzle.

Horizontal

1. Esa escuela tiene un _____ de fútbol.
6. Roberto, ¿tiene Ud. _____ libro?
7. Los verbos terminan en _____, *-er* o *-ir*.
8. Puerto Rico es una _____.
10. _____, quiero ir con Ud.
11. Yo _____ esquiar bien.
12. ¡_____! ¡Qué comida más rica!
13. _____, no quiero ir al cine.
14. La profesora _____ en la escuela, no sale.
17. Yo _____ en un pueblo muy pequeño.
19. Tomás está enfermo. _____ no puede ir.
21. Una isla tiene _____ por todos lados.
22. ¿Quién puede _____ ese muchacho?
23. Éstos son _____ libros de Inés.

Vertical

1. Don Quijote _____ alto y flaco.
2. ¿_____ es esa señora?
3. Quiero nadar. Vamos a la _____.
4. ¿Quieres ser médico _____ profesor?
5. Hace _____ en el invierno.
7. Sancho Panza monta un _____.
9. El vuelo es _____, no es corto.
11. En las _____ tropicales, la vegetación es muy densa.
15. Yo _____ en la caja.
16. Yo tengo que pasar todo el _____ en cama.
18. ¿Puedes _____ el avión allá que aterriza?
20. ¿Tiene Ud. _____ boletos?
21. Voy _____ mercado para comprar pan.

Entrevista

¿Conoces la geografía de tu país? ¿Es interesante o no? ¿Tiene la geografía mucha influencia en tu vida? ¿Qué tipo de influencia tiene en tu vida diaria? ¿Vives en una zona montañosa? ¿Vives cerca de un río? ¿Hace mucho frío (calor) allí? ¿Tienes que llevar ropa gruesa a veces? ¿Sabes hacer tu propia ropa? ¿Hay muchas tiendas donde tú vives? ¿Hay carreteras y ferrocarriles en tu país? ¿Cómo viajas de un lugar a otro? ¿Andas a pie? ¿Vas en autobús, en tren o en carro? Y tu casa, ¿es moderna o vieja? ¿Es de piedra o de madera? ¿Es árida la tierra alrededor de tu casa? ¿Hay mucha o poca vegetación? ¿Tienes una huerta?

Panorama Español

Plaza de España, Sevilla

Las Ramblas, Barcelona

Jardines de La Alhambra, Granada

Vista panorámica de Segovia

Los olivares de Andalucía

Continente de Contrastes

Una mujer andina con su hija

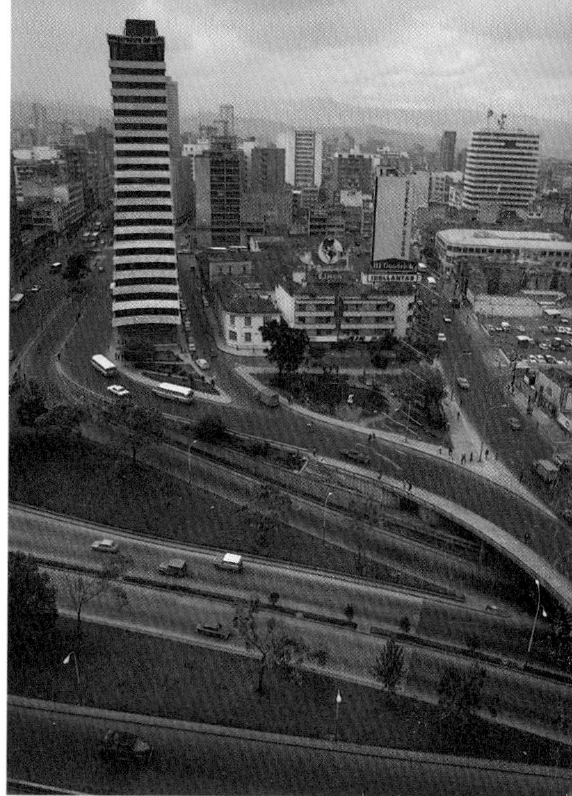

Bogotá, Colombia

En una zona montañosa, Chinchero, Perú

Ibarra, Ecuador

Quito, Ecuador

En las orillas del río Amazonas, Iquitos, Perú

Buenos Aires, Argentina

Resumen oral

Lectura

1. Es un gitano.
Sacan al gitano de la cueva.

2. Lo atan a un árbol con una cuerda.

dinero los dólares y las pesetas son dinero
las señas la descripción
gritar levantar la voz
el camino la carretera
el ladrón un hombre que roba
el burro un animal doméstico, asno, mula
la buenaventura lo que va a pasar en el futuro
enseñar dar lecciones
alegre contento

el guardia
el campamento
la libertad
la cueva
robar
describir
explicar

Práctica

A. Answer each question with a complete sentence.

1. ¿De dónde sacan al gitano?
2. ¿A qué lo atan?
3. ¿Con qué lo atan?
4. ¿Tiene Ud. mucho dinero?
5. ¿Puedes gritar en una iglesia?
6. ¿Qué hace un ladrón?
7. ¿Cuál es un animal doméstico?
8. ¿Enseña el profesor?
9. ¿Está Ud. alegre hoy?

B. Complete each sentence with an appropriate word.

1. Lo que usan para atar algo es una ______.
2. La ______ es lo que va a pasar en el futuro.
3. No está triste; está ______.
4. Un hombre que roba cosas es un ______.
5. Uno ______ cuando habla en voz alta.
6. Una persona da las ______ cuando describe a alguien.
7. Una profesora ______ a sus alumnos.
8. No está capturado, tiene la ______.
9. Una persona que no tiene mucho ______ es pobre.
10. ______ al gitano a un árbol.

Cuevas gitanas en España

ESCENAS

La Buenaventura

Un día, un gitano de Granada llega a la oficina del capitán general. Quiere hablar con el capitán. Los guardias, que no saben por qué quiere hablar un pobre gitano con un hombre tan importante, se ríen. Cuando el capitán sabe que el gitano lo espera, decide hablar con él.

se ríen *laugh*

El gitano entra en la oficina donde está el capitán. Quiere su dinero.

—¿Qué dinero?—pregunta el capitán.

—El dinero por las señas de Parrón—contesta el gitano.

—¡Las señas de Parrón!—grita el capitán. —¡Imposible! Parrón roba a todo el mundo, y quien ve a Parrón, muere.

—Yo no—contesta el gitano. —Lo que no puede hacer un gitano, no lo puede hacer nadie.

muere *dies*
Lo que *What*

¿Cómo tiene el gitano las señas de Parrón?

Explica el gitano que, un día, él está en el camino de Tózar. Llegan unos ladrones que lo llevan a un campamento. No sabe si son los hombres de Parrón o no. En el campamento, lo atan a un árbol. Después de poco, llega un hombre elegante. Tiene que ser Parrón. Sí, es él. El gitano lo saluda.

Explica a Parrón que puede cambiar burros muertos en burros vivos y que le quiere decir la buenaventura. También va a enseñar francés a un burro.

muertos *dead*
vivos *alive*
francés *French*

Parrón se ríe. Considera al gitano un hombre bueno porque cuando está con el gitano no está triste. Está alegre. Con los otros hombres siempre está triste.

Parrón quiere saber la buenaventura. El gitano dice que va a morir el mes próximo. Dice Parrón que si no muere el mes próximo, el gitano va a morir. Pero, si él muere, el gitano va a tener la libertad.

Luego Parrón monta a su caballo, y sale. Ponen al gitano en una cueva.

En ocho días no vuelve Parrón. El gitano habla mucho con los otros ladrones. A veces lo sacan de la cueva y lo atan a un árbol. Un día, vuelven los ladrones con un pobre labrador. El labrador llora porque los ladrones lo roban. Es un hombre pobre y tiene familia. ¿Qué va a hacer su familia en el invierno si no tienen dinero? Van a tener hambre y frío.

labrador *worker*
llora *cries*
hambre *hunger*

Los burros están en la calle—Granada

Unas gitanas de Granada

PREGUNTAS

1. ¿Adónde llega un gitano?
2. ¿Con quién quiere hablar?
3. ¿Quiénes se ríen? ¿Por qué?
4. ¿Quiere hablar con el gitano el capitán?
5. ¿Qué quiere el gitano?
6. ¿Por qué quiere el dinero?
7. ¿Qué hace Parrón?
8. ¿Quién puede hacer más que un gitano?
9. Un día, ¿dónde está el gitano?
10. ¿Quiénes llegan?
11. ¿Adónde lo llevan?
12. ¿Dónde lo atan?
13. Después de poco, ¿quién llega?
14. ¿Qué explica a Parrón?
15. ¿Cómo está Parrón cuando está con el gitano?
16. ¿Qué quiere saber Parrón?
17. ¿Cuál es la buenaventura?
18. Si no muere Parrón, ¿quién va a morir?
19. ¿Dónde ponen al gitano?
20. ¿Con quiénes habla el gitano?
21. ¿De dónde sacan al gitano y dónde lo atan?
22. Un día, ¿con quién vuelven los ladrones?
23. ¿Por qué llora el labrador?
24. ¿Es pobre o rico el labrador?
25. ¿Va a poder comer su familia si no tienen dinero?

Bases II

1. Es un ejército.
En un ejército hay muchos soldados.
Un soldado saca una pistola y tira.

---

una semana siete dias (ocho días)
la verdad lo que no es falso
el jefe el líder

---

la policía	escapar	furioso
la pistola		estúpido
la dirección		

Práctica

A. Answer each question with a complete sentence.

1. ¿Qué hay en un ejército?
2. ¿Con qué tira el soldado?
3. ¿Cuántos días hay en una semana?
4. ¿Es un hombre importante el jefe?
5. ¿Estás contento o furioso?
6. ¿Dices siempre la verdad?

B. Complete each sentence with an appropriate word.

1. Hay siete días en una ______.
2. El ______ de nuestro gobierno es el presidente.
3. Hay muchos soldados en un ______.
4. Un soldado ______ la pistola y tira.
5. Parrón está ______, no está calmo.
6. No es inteligente, es ______.

Barrio gitano en Andalucía

ESCENAS

La Buenaventura
Continuación

Después de poco los ladrones dan la libertad al pobre labrador pero no van a decir nada a Parrón. El labrador sale.

Después de poco vuelve Parrón. ¿Con quién? Con el labrador. Parrón está furioso. Quiere saber dónde está el dinero de este pobre labrador. Los otros ladrones dan el dinero a Parrón y Parrón lo da al labrador.

Cuando el labrador va a salir, Parrón saca su pistola y tira al labrador. El labrador se cae y muere. Parrón está furioso con los ladrones. Si un hombre como este labrador vive después de ver el campamento, puede dar las señas a la policía.

¡Qué suerte tiene el gitano! Uno de los tiros de la pistola de Parrón corta la cuerda con que él está atado al árbol. El gitano espera y mientras Parrón come, él escapa. Corre rápido hasta llegar a la oficina del capitán.

tiros *shots*

El gitano da las señas de Parrón al capitán, recibe su dinero y sale.

Dos semanas después hay mucha gente en una calle de Granada. Todos miran a dos ejércitos que van a salir a buscar a Parrón.

buscar *to look for*

El jefe de uno de los ejércitos no está. Un soldado, que se llama Manuel, explica que el jefe ha muerto. Parrón lo ha matado. Todos quieren saber dónde. Contesta el soldado: —En Granada.—Luego Parrón tiene que estar en la ciudad y no en las montañas.

ha muerto *has died*
ha matado *has killed*

En este momento, llega el gitano. El soldado Manuel ve al gitano, levanta su pistola y tira. El gitano corre. Otro soldado cambia la dirección de la pistola y el gitano no muere. Dice el gitano que aquel soldado es Parrón.

Todos los soldados deciden que son muy estúpidos porque Parrón mismo es uno de los soldados. Así, la buenaventura del gitano es verdad. Capturan a Parrón y él muere.

mismo *himself*

ADAPTED FROM PEDRO ANTONIO DE ALARCÓN

El interior de una cueva

PREGUNTAS

1. ¿Qué dan los ladrones al labrador?
2. ¿Qué van a decir a Parrón?
3. ¿Con quién vuelve Parrón?
4. ¿Qué quiere saber?
5. ¿A quién da el dinero Parrón?
6. Cuando el labrador va a salir, ¿qué hace Parrón?
7. ¿Por qué está furioso Parrón?
8. ¿Qué corta uno de los tiros de Parrón?
9. ¿Cuándo escapa el gitano?
10. ¿Adónde corre el gitano?
11. ¿A quién da el gitano las señas de Parrón?
12. ¿Qué recibe?
13. ¿Dónde hay mucha gente?
14. ¿A qué miran todos?
15. ¿Quién no está?
16. ¿Quién explica donde está?
17. En este momento, ¿quién llega?
18. ¿Qué hace el soldado Manuel?
19. ¿Quién cambia la dirección de la pistola?
20. ¿Quién es Parrón?
21. ¿Por qué son estúpidos los soldados?
22. ¿Por qué es verdad la buenaventura del gitano?

Un castillo antiguo en Andalucía

Ejercicios

A. Answer the following questions in paragraph form.

¿Por qué quiere el gitano hablar con el capitán en «La Buenaventura»?
¿Qué tiene el gitano?
¿Cómo tiene el gitano las señas de Parrón?
¿Cuál es la buenaventura de Parrón?
¿Quién va a morir si no muere él?
¿Dónde ponen al gitano entonces?
Cuando llega Parrón al campamento con el labrador, ¿por qué está él furioso?
¿Por qué tira Parrón al labrador?
¿Qué suerte tiene el gitano?
¿Qué hace entonces?
¿Por qué va el gitano a Granada?
¿Quién es Parrón?
¿Por qué es verdad la buenaventura del gitano?

B. Write three sentences about each of the following.

1. Parrón
2. el gitano
3. el labrador
4. el capitán
5. los ladrones

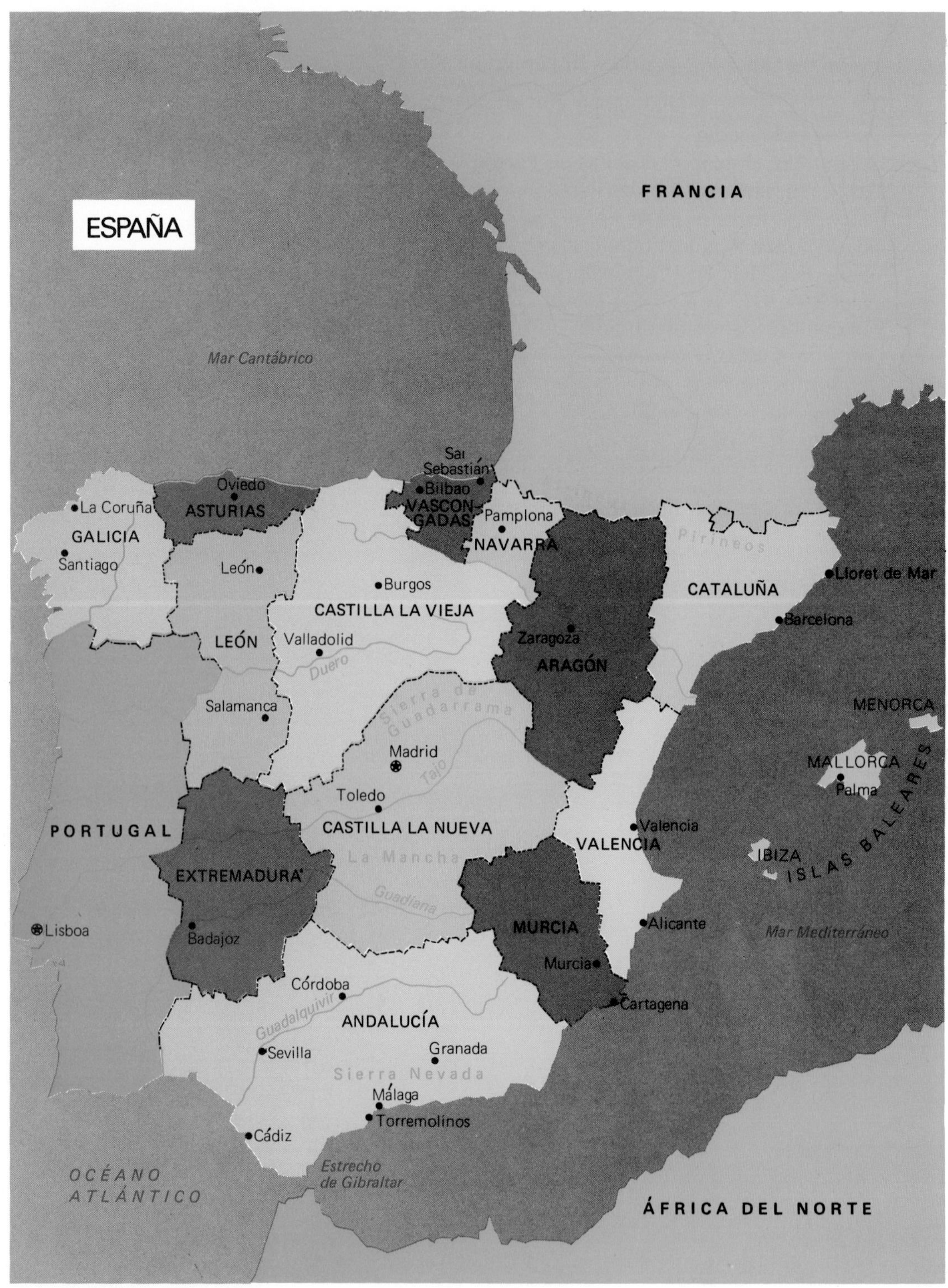
ESPAÑA
FRANCIA
Mar Cantábrico
San Sebastián
Oviedo
Bilbao
ASTURIAS
VASCONGADAS
La Coruña
Pamplona
GALICIA
NAVARRA
Santiago
Pirineos
León
Burgos
CATALUÑA
Lloret de Mar
CASTILLA LA VIEJA
Barcelona
LEÓN
Valladolid
Zaragoza
Duero
ARAGÓN
Sierra de Guadarrama
Salamanca
MENORCA
Madrid
MALLORCA
Tajo
Palma
Toledo
PORTUGAL
CASTILLA LA NUEVA
Valencia
VALENCIA
ISLAS BALEARES
La Mancha
IBIZA
EXTREMADURA
Guadiana
Lisboa
MURCIA
Alicante
Mar Mediterráneo
Badajoz
Murcia
Córdoba
Cartagena
Guadalquivir
ANDALUCÍA
Sevilla
Granada
Sierra Nevada
Málaga
Torremolinos
Cádiz
OCÉANO ATLÁNTICO
Estrecho de Gibraltar
ÁFRICA DEL NORTE

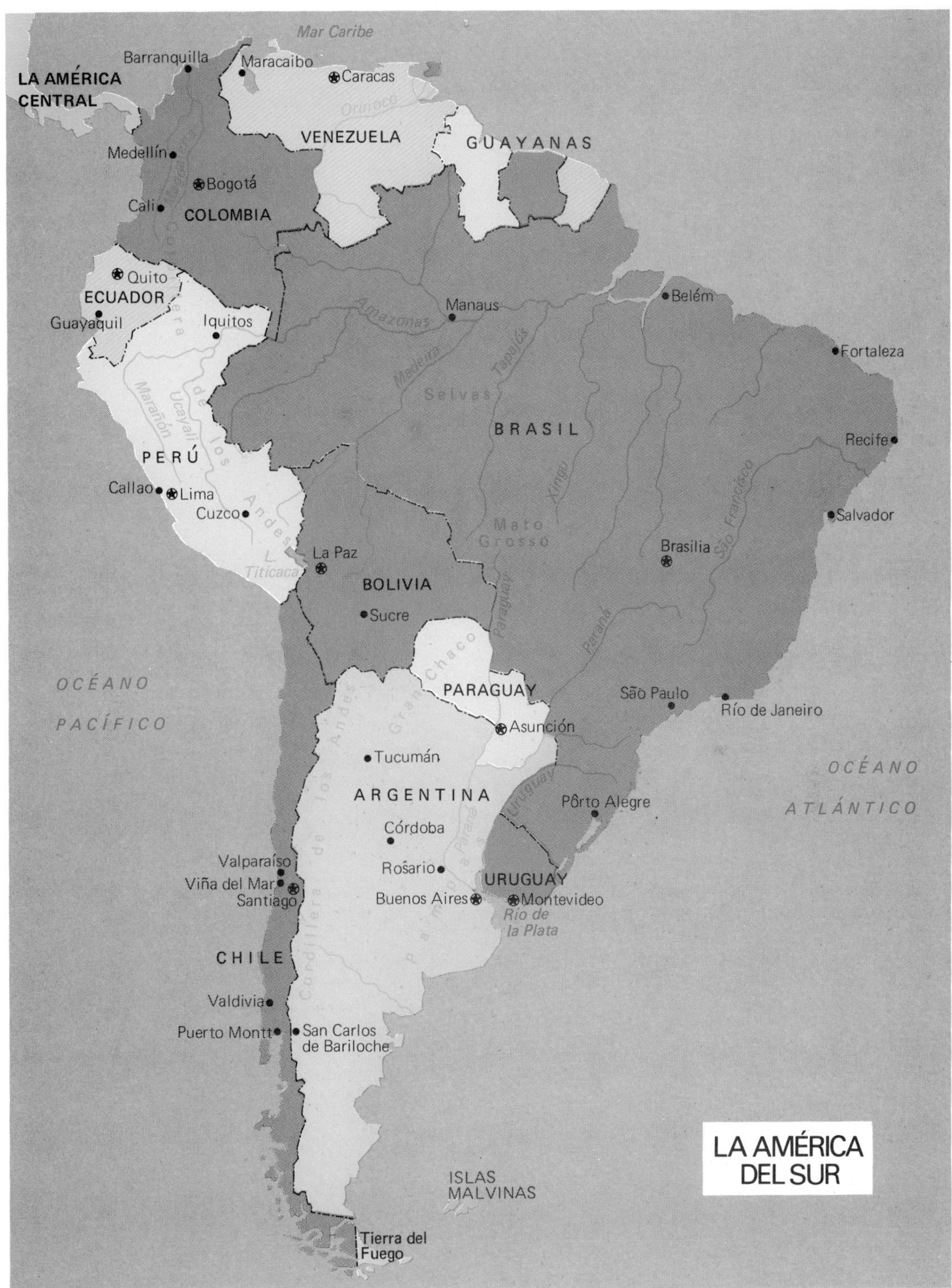

LA AMÉRICA DEL SUR
Mar Caribe
LA AMÉRICA CENTRAL
Barranquilla
Maracaibo
Caracas
Orinoco
VENEZUELA
GUAYANAS
Medellín
Bogotá
Cali
COLOMBIA
Quito
ECUADOR
Guayaquil
Iquitos
Manaus
Amazonas
Belém
Fortaleza
Madeira
Tapajós
Selvas
BRASIL
Recife
Marañón
Ucayali
PERÚ
Callao
Lima
Cuzco
Xingu
Mato Grosso
Salvador
São Francisco
Brasilia
La Paz
L. Titicaca
BOLIVIA
Sucre
Paraguay
Paraná
Gran Chaco
PARAGUAY
Asunción
São Paulo
Río de Janeiro
OCÉANO PACÍFICO
OCÉANO ATLÁNTICO
Tucumán
ARGENTINA
Uruguay
Pôrto Alegre
Córdoba
Rosario
Valparaíso
Viña del Mar
Santiago
Buenos Aires
URUGUAY
Montevideo
Río de la Plata
Pampa
CHILE
Cordillera de los Andes
Valdivia
Puerto Montt
San Carlos de Bariloche
ISLAS MALVINAS
Tierra del Fuego

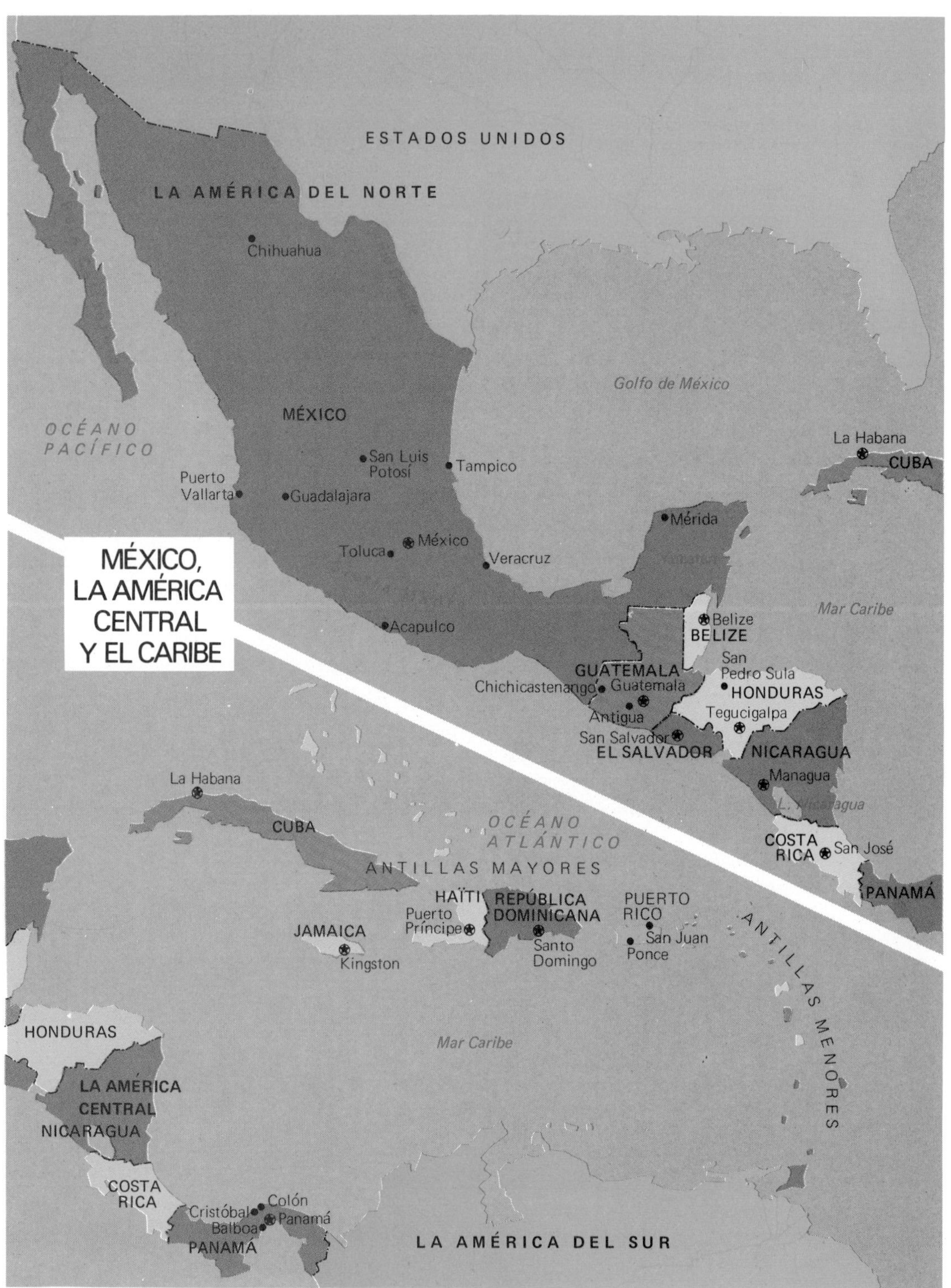
ESTADOS UNIDOS
LA AMÉRICA DEL NORTE
Chihuahua
Golfo de México
MÉXICO
OCÉANO PACÍFICO
San Luis Potosí
Tampico
Puerto Vallarta
Guadalajara
La Habana
CUBA
Mérida
MÉXICO, LA AMÉRICA CENTRAL Y EL CARIBE
Toluca
México
Veracruz
Acapulco
Belize
BELIZE
Mar Caribe
San Pedro Sula
GUATEMALA
Chichicastenango
Guatemala
HONDURAS
Antigua
Tegucigalpa
San Salvador
EL SALVADOR
NICARAGUA
Managua
La Habana
OCÉANO ATLÁNTICO
CUBA
COSTA RICA
San José
ANTILLAS MAYORES
PANAMÁ
HAITÍ
REPÚBLICA DOMINICANA
PUERTO RICO
Puerto Príncipe
JAMAICA
Santo Domingo
San Juan
Ponce
Kingston
ANTILLAS MENORES
HONDURAS
Mar Caribe
LA AMÉRICA CENTRAL
NICARAGUA
COSTA RICA
Colón
Cristóbal
Panamá
Balboa
PANAMÁ
LA AMÉRICA DEL SUR

Appendix

Numbers

1	uno	**24**	veinticuatro	**100**	ciento (cien)
2	dos	**25**	veinticinco	**105**	ciento cinco
3	tres	**26**	veintiséis	**113**	ciento trece
4	cuatro	**27**	veintisiete	**117**	ciento diecisiete
5	cinco	**28**	veintiocho	**122**	ciento veintidós
6	seis	**29**	veintinueve	**134**	ciento treinta y cuatro
7	siete	**30**	treinta	**148**	ciento cuarenta y ocho
8	ocho	**31**	treinta y uno	**160**	ciento sesenta
9	nueve	**32**	treinta y dos	**200**	doscientos
10	diez	**33**	treinta y tres	**250**	doscientos cincuenta
11	once	**34**	treinta y cuatro	**277**	doscientos setenta y siete
12	doce	**35**	treinta y cinco	**300**	trescientos
13	trece	**36**	treinta y seis	**400**	cuatrocientos
14	catorce	**37**	treinta y siete	**500**	quinientos
15	quince	**38**	treinta y ocho	**600**	seiscientos
16	dieciséis	**39**	treinta y nueve	**700**	setecientos
17	diecisiete	**40**	cuarenta	**800**	ochocientos
18	dieciocho	**50**	cincuenta	**900**	novecientos
19	diecinueve	**60**	sesenta		
20	veinte	**70**	setenta		
21	veintiuno	**80**	ochenta		
22	veintidós	**90**	noventa		
23	veintitrés				

1.000	mil
1.004	mil cuatro
1.015	mil quince
1.031	mil treinta y uno
1.492	mil cuatrocientos noventa y dos
1.861	mil ochocientos sesenta y uno
1.970	mil novecientos setenta
2.000	dos mil
10.000	diez mil
40.139	cuarenta mil ciento treinta y nueve
100.000	cien mil
785.026	setecientos ochenta y cinco mil veintiséis
1.000.000	un millón
50.000.000	cincuenta millones

Time

	HOURS	DAYS
1:00	Es la una.	domingo
2:00	Son las dos.	lunes
3:00	Son las tres.	martes
4:00	Son las cuatro.	miércoles
5:00	Son las cinco.	jueves
6:00	Son las seis.	viernes
7:00	Son las siete.	sábado
8:00	Son las ocho.	domingo
9:00	Son las nueve.	
10:00	Son las diez.	MONTHS
11:00	Son las once.	enero
12:00	Son las doce.	febrero
3:15	Son las tres y cuarto.	marzo
2:45	Son las tres menos cuarto.	abril
4:30	Son las cuatro y media.	mayo
5:30	Son las cinco y media.	junio
2:10	Son las dos y diez.	julio
1:50	Son las dos menos diez.	agosto
1:10	Es la una y diez.	septiembre
12:50	Es la una menos diez.	octubre
1:15	Es la una y cuarto.	noviembre
1:30	Es la una y media.	diciembre

Verbs

REGULAR VERBS

	hablar	comer	vivir
	to speak	*to eat*	*to live*
yo	hablo	como	vivo
tú	hablas	comes	vives
él, ella, Ud.	habla	come	vive
nosotros	hablamos	comemos	vivimos
(vosotros)	(habláis)	(coméis)	(vivís)
ellos, ellas, Uds.	hablan	comen	viven

STEM-CHANGING VERBS

ie			ue	
comenzar	querer	jugar	poder	volver
to begin	*to wish, to want*	*to play*	*to be able*	*to return*
comienzo	quiero	juego	puedo	vuelvo
comienzas	quieres	juegas	puedes	vuelves
comienza	quiere	juega	puede	vuelve
comenzamos	queremos	jugamos	podemos	volvemos
(comenzáis)	(queréis)	(jugáis)	(podéis)	(volvéis)
comienzan	quieren	juegan	pueden	vuelven

IRREGULAR VERBS

conocer	dar	decir	estar	hacer
to know, to be acquainted with	*to give*	*to say*	*to be*	*to do, to make*
conozco	doy	digo	estoy	hago
conoces	das	dices	estás	haces
conoce	da	dice	está	hace
conocemos	damos	decimos	estamos	hacemos
(conocéis)	(dais)	(decís)	(estáis)	(hacéis)
conocen	dan	dicen	están	hacen

ir	poner	saber	salir	ser
to go	*to put, to place*	*to know*	*to leave, to go out*	*to be*
voy	pongo	sé	salgo	soy
vas	pones	sabes	sales	eres
va	pone	sabe	sale	es
vamos	ponemos	sabemos	salimos	somos
(vais)	(ponéis)	(sabéis)	(salís)	(sois)
van	ponen	saben	salen	son

tener	traer	venir
to have	*to bring*	*to come*
tengo	traigo	vengo
tienes	traes	vienes
tiene	trae	viene
tenemos	traemos	venimos
(tenéis)	(traéis)	(venís)
tienen	traen	vienen

Vocabulary

The number following each entry indicates the lesson in which the word is first presented.

A

a to; at 2
a bordo on board 10
a sus órdenes at your service 8
a veces at times 2
abrir to open 5
abrocharse to fasten 10
abuelo *m* grandfather 7
abuelos *m pl* grandparents 7
accidente *m* accident 5
aceite *m* oil 10
acompañar to accompany 14
adivinar to guess 9
¿adónde? to where? where? 3
aeropuerto *m* airport 10
aficionado fan; fond of 9
agua *f* water 11
ahora now 2
aire *m* air 8
alegre happy L
algo something 12
alguien someone 12
almuerzo *m* lunch 10
alrededor de around, surrounding 10
alto tall 1
alumna *f* student 2
alumno *m* student 2
allá over there (far away) 13
allí there 8
amarillo yellow 13
americano American 1
amiga *f* friend 1
amigo *m* friend 1
ancho wide 13
andar to go, walk 14
andar a pie to walk 14
andén *m* platform 8
andino of or from the Andes mountains region 14
animal *m* animal L
antiguo old, ancient 3
anunciar to announce 10
año *m* year 7
tener ____ años to be ____ years old
aprender to learn 5
aquel that 13
aquí here 5
árbol *m* tree 5
argentino Argentinean 5
árido arid 14
arte *m* art 13
artista *m* artist 13
arreglar to arrange 7
así thus, therefore 8
asistir to attend 4
asno *m* donkey 12
montar un asno to ride a donkey 12
aspa *f* vane 12
atacar to attack 9
atar to tie L
aterrizar to land 10
avenida *f* avenue 13
aventura *f* adventure 12
aviación *f* aviation, airline 10
avión *m* airplane 10
ayudar to help 12
azafata *f* flight attendant 10
azul blue 13

B

bailar to dance 6
bajar to descend, go down 8
bajar de to get off 14
bajo short 1

bajo *prep* under, beneath 13
baño *m* bath 6
  traje de baño bathing suit 6
base *f* base 9
bateador *m* batter 9
batear to bat 9
baúl *m* trunk 11
béisbol *m* baseball 9
biblioteca *f* library 12
bien well 5
blanco white 7
blusa *f* blouse 7
boca *f* mouth 5
bocadillo *m* sandwich 3
boleto *m* ticket 8
bonito pretty 1
bordo *m* board 10
  a bordo on board 10
brazo *m* arm 12
brillar to shine 11
brisa *f* breeze 11
brotar to bud 13
buenaventura *f* fortune L
bueno good 1
burro *m* donkey, mule L
buscar to look for L

C

caballero *m* knight 12
  caballero andante knight errant 12
caballo *m* horse 12
  montar a caballo to ride a horse 12
cabeza *f* head 9
cada each 5
caerse to fall down 5
café *m* cafe; coffee 6
caja *f* cash register 3
calmo calm L
calor *m* heat 6
  hacer calor to be hot (weather) 6
calle *f* street 7
cama *f* bed 5
  en cama in bed 5
cambiar to change 12
camino *m* road L
camisa *f* shirt 7
campamento *m* camp L
campo *m* field 9
  campo de fútbol football or soccer field 9
canoa *f* canoe 14
cantar to sing 6
capital *f* capital 3
capitán *m* captain L
capturar to capture L
carga *f* load 14
carne *f* meat 3
carnicería *f* meat market 3
carta *f* letter 4
carretera *f* highway 11
carro *m* car 11
casa *f* house, home 2
  a casa home 3
  en casa at home 2
castellano *m* Castilian 13
catarro *m* cold 5
cena *f* dinner 10
cenar to have dinner 10
centro *m* center 3
cerca de near 4
cielo *m* sky 11
cine *m* movie theater 4
cinturón *m* belt 10
  cinturón de seguridad seat belt 10
cita *f* date, appointment 10
ciudad *f* city 5
claro clear, sure 7
clase *f* class 11
clima *m* climate 14
cocina *f* kitchen 3
colegio *m* high school 6
color *m* color 7
comedor *m* dining room 4
comer to eat 4
comida *f* food 3
como since, as, like 7
¿cómo? how? 1
compañero *f* companion, friend 14
compañía *f* company 10
compatriota *m & f* compatriot 14
comprar to buy 3

comprender to understand 8
con with 2
conocer to be acquainted with 14
conquistar to conquer 12
considerar to consider L
constante constant 14
construir to build 14
consulta *f* office 5
  consulta del médico doctor's office 5
contento happy 11
contestar to answer L
continente *m* continent 11
contrario opposite, contrary L
contraste *m* contrast 13
convertir (ie) to change, convert 12
cortar to cut 14
corto short 8
correr to run 13
corrida *f* bullfight 13
cosa *f* thing 14
costa *f* coast 6
crecer to grow 13
cuadro *m* painting, picture 13
¿cuál? which? 9
¿cuándo? when? 5
¿cuánto? how much?, how many? 5
cubano Cuban 1
cubrir to cover 8
cuerda *f* rope L
cueva *f* cave L
cuidado *m* care 5
  ¡cuidado! be careful! 5
  tener cuidado to be careful 5
cultivar to cultivate, grow 4
cultura *f* cultura 11
cumpleaños *m* birthday 7

CH

chica *f* girl 9
chico *m* boy 9

D

dar to give 13
de of, from 1
  de nada you're welcome 8
  de noche at night 2
  de nuevo again 11
  de prisa in a hurry 4
  de vacaciones on vacation 6
decidir to decide 12
decir to say 14
delante de in front of 4
delicioso delicious 4
denso dense, thick 14
departamento *m* apartment 8
deporte *m* sport 9
desayuno *m* breakfast 10
describir to describe L
descripción *f* description L
despacio slow 8
despegar to take off 10
después de after 4
destino *m* destination 10
  con destino a bound for 10
día *m* day 5
diario daily 14
diferencia *f* difference 10
dinero *m* money L
dirección *f* direction L
disco *m* record 6
distinto different 12
dólar *m* dollar L
doméstico domestic, tame L
domingo Sunday 4
¿dónde? where? 2
durante during 4

E

edificio *m* building 11
ejército *m* army L
el the 1
él *m* he 1
elegante elegant L
ella *f* she 1
ellas *f pl* they 6
ellos *m pl* they 6
empezar (ie) to begin 11
empleado *m* employee 8
en in 2

en casa at home 2
en seguida at once 8
encontrar (ue) to find 10
enemigo *m* enemy 12
enfermo sick 5
ensalada *f* salad 4
enseñar to teach L
entero entire, whole 13
entrar to enter 14
entre between, among 5
equipo *m* team 9
escalera *f* ladder, stairway 14
escapar to escape L
escribir to write 4
escuchar to listen to 6
escudero *m* squire 12
escuela *f* school 2
ese *m* that 13
español *m* Spanish, Spaniard 2
esperar to wait for 8
esquiar to ski 5
estación *f* season; station 5
estado *m* state 11
estado libre asociado commonwealth 11
estar to be 3
este *m* this 13
estrecho narrow 13
estudiar to study 2
estudio *m* study 14
estupendo stupendous 10
estúpido stupid L
examinar to examine 5
existir to exist 10
experiencia *f* experience 5
explicar to explain L

F

fabuloso fabulous 6
fácil easy 8
fama *f* fame 13
familia *f* family 2
famoso famous 8
favor *m* favor 8
por favor please 8
favorito favorite 9
feo ugly 1
ferrocarril *m* railroad, train 8
fiesta *f* party 7
fin *m* end 13
por fin at last, finally 13
finca *f* farm 10
flaco thin 12
flor *f* flower 13
francés French L
frecuentemente frequently 3
frío *m* cold 5
hacer frío to be cold (weather) 5
tener frío to be (feel) cold L
frontera *f* frontier, border 5
fuente *f* fountain 13
fuerte strong 9
furioso furious L
fútbol *m* football, soccer 9
campo de fútbol football or soccer field 9
futuro *m* future L

G

garganta *f* throat 5
garúa *f* fog, drizzle 8
gemelo *m* twin 7
general general L
generalmente generally 7
gente *f* people 11
geografía *f* geography 14
gigante *m* giant 12
gira *f* tour 13
gitano *m* gypsy L
gobierno *m* government L
golf *m* golf 9
gordo fat 12
gracias thank you, thanks 8
grande large, big 10
gris gray 13
gritar to shout L
grueso thick, heavy 14
grupo *m* group 4
guapo handsome, good-looking 1

guardia *m* guard L
guitarra *f* guitar 6

H

hablar to speak 2
hacer to do, make 5
  hacer buen tiempo to be good (weather) 6
  hacer calor to be hot (weather) 6
  hacer frío to be cold (weather) 5
  hacer las compras to go shopping 13
  hacer un viaje to take a trip 10
  hacer viento to be windy 12
hambre *f* hunger L
  tener hambre to be hungry L
hasta until, up to, as far as 10
hay there is, there are 4
  hay sol it is sunny 6
herido wounded, hurt 12
hermana *f* sister 7
hermano *m* brother 7
  hermanos *m pl* brothers and sisters, brothers 7
hija *f* daughter 7
hijo *m* son 7
  hijos *m pl* sons and daughters, sons 7
hispánico Hispanic 7
hispano Hispanic 10
hispanoamericano Spanish American 9
historia *f* history, story 14
hit *m* hit 9
hola hello 1
hombre *m* man 13
honor *m* honor 7
hora *f* hour 6
  ¿a qué hora? at what time? 7
hospital *m* hospital 5
hotel *m* hotel 13
hoy today 3
huerta *f* orchard, grove, garden 4

I

ida y vuelta round-trip 8
idea *f* idea 5
idioma *m* language 13
iglesia *f* church 4
importante important 10
imposible impossible L
impresión *f* impression 13
indio *m* Indian 4
influencia *f* influence 14
inglés *m* English 2
inmenso immense 10
inteligente intelligent 11
interesante interesting 8
internacional international 10
invierno *m* winter 5
invitar to invite 10
ir to go 3
isla *f* island 11

J

jefe *m* chief L
jet *m* jet 10
jonrón *m* home run 9
joven *m* young person 9
juego *m* game 9
jugador *m* player 9
jugar (ue) to play 9
julio July 5

L

la the 1
la *f* her, it 12
labrador *m* farmer L
lacustre pertaining to lakes 14
lado *m* side 11
ladrón *m* thief, robber L
lana *f* wool 14
lanza *f* lance, sword 12
largo long 8
las *f pl* them 12
latinoamericano Latin American 9
lección *f* lesson 14
leche *f* milk 3
lechería *f* dairy store 3
leer to read 4
lejos far 6

lengua *f* language 13
levantar to lift, raise 12
libertad *f* freedom L
libro *m* book 4
líder *m* leader L
ligero light 10
limonada *f* lemonade 6
líneas aéreas *f pl* airlines 10
lo *m s* him, it 12
lo que what, that which L
loco crazy 12
  volverse loco to go crazy 12
los *m pl* them 12
luego then; later 3
lugar *m* place 12

LL

llama *f* llama 14
llamada *f* call 10
llamar to call 2
llamarse to be called, named L
llegada *f* arrival 11
llegar to arrive 7
llevar to wear 4; to carry, to take 14
llorar to cry L
llover (ue) to rain 8

M

machete *m* machete knife 14
madera *f* wood 14
madre *f* mother 4
maíz *m* corn 4
mal *m* evil 12
maleta *f* suitcase 8
malo bad 5
mamá *f* mom, mommy 3
mano *f* hand 9
mañana *f* morning; *m* tomorrow 7
  por la mañana in the morning 7
mañanitas *f pl* short musical piece (Mexico) 7
mar *m* sea 6
más more, most 4
máscara *f* mask 8
  máscara de oxígeno oxygen mask 8
matar to kill L
mayoría *f* majority 9
médico *m* doctor 5
  consulta del médico doctor's office 5
medio half 11
mercado *m* market 3
mes *m* month 5
mesa *f* table 4
mexicano *m* Mexican 7
mezcla *f* mixture 11
mi my 8
mientras while 13
mil *m* thousand 8
mirar to look at, watch 2
mismo same 4; himself L
misterioso mysterious 12
moderno modern 3
molino *m* mill 12
  molino de viento windmill 12
momento *m* moment 12
montaña *f* mountain 5
montañoso mountainous 13
montar to mount 12
  montar a caballo to ride a horse 12
  montar un asno to ride a donkey 12
morir (ue) to die L
mover (ue) to move 11
muchacha *f* girl 1
muchacho *m* boy 1
mucho much 2
muerto dead L
mula *f* mule L
mundial worldly 13
mundo *m* world 5
  todo el mundo everyone 7
museo *m* museum 13
música *f* music 6
muy very 2

N

nada nothing 8
  de nada you're welcome 8
nadar to swim 6

nadie no one, nobody 12
natal native 11
neblina *f* fog, mist 8
necesitar to need 3
negro black 7
nevar (ie) to snow 5
ni neither, nor 14
nieve *f* snow 14
no no, not 1
noche *f* night 2
  de noche at night 2
norte *m* north 7
norteamericano *m* North American 11
nosotros we 6
notar to note 9
nuestro our 8
nuevo new 10
  de nuevo again 11
número *m* number 8
nunca never 12

O

o or 1
océano *m* ocean 6
oficina *f* office L
oliva *f* olive 10
olivar *m* olive grove 10
orden *m & f* order 8
  a sus órdenes at your service 8
orilla *f* shore 14
otoño *m* autumn 9
otro other, another 3
oxígeno *m* oxygen 8
  máscara de oxígeno oxygen mask 8

P

padre *m* father 4
  padres *m pl* parents 7
padrino *m* godfather 7
  padrinos *m pl* godparents 7
pagar to pay 3
país *m* country 8
paisaje *m* scenery, countryside 13
paja *f* straw 4
palabra *f* word 9
palma *f* palm tree 11
pan *m* bread 10
papa *f* potato 4
papá *m* papa, daddy 3
para for 5
pariente *m* relative 7
parque *m* park 9
parte *f* part 5
pasajero *m* passenger 10
pasar to spend (time) 5; to pass 10; to happen, occur L
  pasar por to go through 10
pasillo *m* aisle 3
pastilla *f* pill 5
patata *f* potato 4
película *f* film 4
pelota *f* ball 9
península *f* peninsula 11
pequeño small 4
periódico *m* newspaper 4
pero but 3
persona *f* person 12
personaje *m* character (of a book) 12
peseta *f* peseta (monetary unit of Spain) L
picnic *m* picnic 10
pico *m* peak 8
pícher *m* pitcher 9
pie *m* foot 14
  andar a pie to walk 14
piedra *f* stone, rock 4
piel *f* skin 14
pierna *f* leg 5
pintoresco picturesque 13
pintura *f* painting, picture 13
pista *f* runway 10
pistola *f* gun L
playa *f* beach 6
plaza *f* plaza, square 4
  plaza de toros bullring 13
pobre poor 5
poco little, few 5
poder (ue) to be able 9
policía *m & f* police L
pollo *m* chicken 8

poner to put, place 10
popular popular 9
por by, through 2
  por favor please 8
  por fin at last, finally 13
  por la mañana in the morning 7
  por la tarde in the afternoon 7
  ¿por qué? why? 4
  por teléfono by phone 2
porque because 4
preguntar to ask (a question) 2
preparar to prepare 3
presidente *m* president L
primavera *f* spring 9
primo *m* cousin 7
principal principal 10
prisa *f* hurry 4
  de prisa in a hurry 4
producto *m* product 11
profesor *m* teacher, professor 2
profesora *f* teacher, professor 2
pronto soon 10
propio own 14
próximo next 10
pueblo *m* town 4
puerta *f* door, gate 10
puertorriqueño Puerto Rican 9
pues well 2
puesto *m* stand 3

Q

¿qué? what? 1
  ¿qué tal? how's everything? 9
querer (ie) to want 9
querido dear 8
¿quién? who? 1

R

rascacielos *m* skyscraper 11
recibir to receive 4
refresco *m* drink, refreshment 6
regalo *m* gift 7
región *f* region 12
reírse (i) to laugh L
remar to row 14
restaurante *m* restaurant 8
rico rich 4
río *m* river 14
robar to steal, rob L
roca *f* rock 14
romperse to break 5
ropa *f* clothing 10
ruido *m* noise 7

S

saber to know (a fact) 14
sacar to take out, to get L
sala *f* living room 2
  sala de espera waiting room 8
salida *f* departure 10
salir to leave, depart 8
saludar to greet 11
sanjuanero *m* of or from San Juan 11
secundario secondary 4
seguida *f* succession 8
  en seguida at once, immediately 8
segundo second 8
seguridad *f* safety, security 10
  cinturón de seguridad seat belt 10
selva *f* jungle 14
semana *f* week L
senda *f* path 14
seña *f* description, sign, mark L
señor *m* Mr., sir 2
señora *f* Mrs., Ms. 2
señorita *f* Miss, Ms. 2
ser to be 1
serenata *f* serenade 7
si if 2
sí yes 1
siempre always 5
simpático nice 2
social social 4
sol *m* sun 6
  hacer (hay) sol to be sunny 6
sol *m* sol (Peruvian money) 8
solamente only 7
soldado *m* soldier L
sólo only 11

sorpresa *f* surprise 5
su his, her, its; your (polite) 8
subir to climb, ascend, go up 8
  subir a to get on 10
suburbio *m* suburb 11
suelo *m* floor 4
sueño *m* sleep 7
  tener sueño to be sleepy 7
suerte *f* luck 7
  tener suerte to be lucky 7
supermercado *m* supermarket 3
sur *m* south 10

T

tal such 9
  ¿qué tal? how's everything? 9
también also 1
tan so 11
tarde *f* afternoon 6
  por la tarde in the afternoon 7
taza *f* cup 10
techo *m* roof 4
teléfono *m* telephone 2
  por teléfono by phone 2
televisión *f* television 2
tener (ie) to have 5
  tener _____ años to be _____ years old 7
  tener cuidado to be careful 5
  tener frío to be (feel) cold L
  tener ganas de to be anxious 8
  tener hambre to be hungry L
  tener que to have to 5
  tener sueño to be sleepy 7
  tener suerte to be lucky 7
tenis *m* tennis 9
tiempo *m* weather 6
  hacer buen tiempo to be good (weather) 6
tienda *f* store, shop 6
tío *m* uncle 7
  tíos *m pl* aunts and uncles, uncles 7
típico typical 7
tipo *m* type, kind 8
tirar to throw; to shoot 9
tiro *m* shot L
tocar to play (a musical instrument) 6; to touch 9
todo all 4
  todo el mundo everyone 7
tomar to take 5
tono *m* tone 13
toro *m* bull 13
  plaza de toros bullring 13
torta *f* cake 4
tortilla *f* tortilla (type of pancake made from corn) 4
tour *m* tour 13
traer to bring 10
tráfico *m* traffic 11
traje *m* suit 6
  traje de baño bathing suit 6
tras behind 13
tremendo tremendous 5
tren *m* train 8
trigo *m* wheat 13
triste sad 11
tronco *m* trunk 14
tropical tropical 11
tu your 8
tú you 1
turista *m & f* tourist 8
turístico pertaining to tourism 13

U

último last 10
un a, an 1
una a, an 1
usar to use 8
Usted (Ud.) you 2
Ustedes (Uds.) you 6

V

vacaciones *f pl* vacation 6
  de vacaciones on vacation 6
vaivén *m* going and coming 11
varios various 9
veda *f* closed season, prohibition 8
vegetación *f* vegetation 14

vegetal *m* vegetable 4
vender to sell 4
venir (ie) to come 10
ventana *f* window 7
ventanilla *f* ticket window 8
ver to see 4
verano *m* summer 6
verdad *f* truth L
verde green 13
vestido *m* dress 4
vez *f* time 2
  a veces at times 2
viajar to travel 14
viaje *m* trip 8
  hacer un viaje to take a trip 10
vida *f* life 4
viejo old 12
viento *m* wind 12
  hacer viento to be windy 12
  molino de viento windmill 12
visita *f* visit 11
visitar to visit 5
vivir to live 4
vivo alive L
vocabulario *m* vocabulary 9
volver (ue) to return 10
  volverse loco to go crazy 12
voz *f* voice L
vuelo *m* flight 10

Y

y and 1
ya already 5
yo I 1

Z

zona *f* zone 14

Index

2 3 4 5 6 7 8 9 10 VHVH 90 89 88 87 86 85 84 83 82 81